PIETRO CALABRESE

L'albero dei mille anni

ALL'IMPROVVISO UN CANCRO, LA VITA ALL'IMPROVVISO

Rizzoli

ISBN 978-88-17-04278-9

Prima edizione: settembre 2010
Seconda edizione: settembre 2010
Terza edizione: ottobre 2010
Quarta edizione: ottobre 2010
Quinta edizione: ottobre 2010

L'albero dei mille anni

A Barbara, senza la quale
non sarei qui a raccontarlo

1

Due parole e la vita deraglia. Bastano due parole a cambiare la nostra esistenza e stravolgerla per sempre. Non avevo mai immaginato potesse davvero accadere così.

È accaduto.

Ha ragione Woody Allen in quella battuta sulfurea di un suo vecchio film: «In questa nostra epoca le due parole più belle che si possono ascoltare non sono "Ti amo", ma "È benigno"».

Il mio cancro non è benigno. Si è incistato nel polmone destro e sta lì, secondo i medici, da almeno quattro anni. Da come è messo e da come ha prodotto i linfonodi non deve starci neanche tanto male. È bello grosso, tra i cinque e i sette centimetri, e tutto intorno ha figliato i suoi orribili pipistrelli che hanno scelto i posti migliori della sala per godersi lo spettacolo.

È il 19 maggio del 2009, una giornata come tutte le altre. Fa un caldo torrido ma il cielo è di un azzurro intenso. L'estate è vicina, io ho già programmato per metà giugno il trasloco a Cozzo Capraro, nella mia casa di campagna siciliana sui monti delle Madonie, proprio sopra Cefalù. Non manca molto.

Il «Corriere della Sera» in prima pagina titola sulla battaglia tra studenti e polizia a Torino alla vigilia del G8 dei rettori. Il cardinal Martini apre su divorziati e celibato dei sacerdoti, e la Juve esonera Ranieri e chiama Ferrara in panchina per le ultime gare, poi, promette, arriverà Conte. Non andrà così.

Non andrà così neanche a me che vado nel pomeriggio alla clinica Paideia per un normale controllo.

Sono undici anni che faccio normali controlli due volte l'anno. Da quando mi hanno scoperto – a fine novembre del 1998 – un tumore alla prostata. Piccolo, piccolissimo, quasi impercettibile. Ma c'era, e rischiava di degenerare. Il professor Vito Pansadoro mi aveva operato dopo quindici giorni: asportazione totale della prostata, e dopo una settimana ero a casa, dove avevo passato le feste di Natale e Capodanno. Il 14 gennaio del 1999 ero di nuovo seduto (con il pannolone!) sulla poltrona di direttore del «Messaggero». Il mio editore, Franco Caltagirone, durante tutta la convalescenza mi era stato molto vicino, una cosa che non si dimentica.

Avevo ripreso poco a poco a fare la mia vita. Mi ero tolto il pannolone alla fine del mese di febbraio, avevo fatto la ginnastica che i medici mi avevano consigliato, e due volte l'anno i controlli di routine.

Ho avuto un cancro, ma quasi non me ne sono accorto. Niente chemio e niente radio postoperatoria. Conseguenze fisiche e psicologiche accettabili.

Stavolta sarà diverso, molto diverso.

Quel 19 maggio mia figlia è a Roma di passaggio. Vuole vedermi prima di ripartire. Io mi sento talmente tranquillo del controllo di routine che le dico: «Accompagnami alla Paideia che devo fare i normali controlli». Mi risponde che mi raggiungerà lì.

Il medico internista prima di iniziare la visita mi chiede: «Quant'è che non fai una lastra al torace?». Non me lo ricordo. Tre o quattro anni, gli rispondo. «Per sicurezza fattene fare una, e poi vieni su da me.» Per questo finisco al piano interrato della clinica, dove c'è la radiologia.

Entro nella stanza e dietro la scrivania trovo il dottor Antonio De Franco, una persona molto gentile. Mi saluta e mi invita a posizionarmi davanti alla macchina dove il tecnico è già pronto.

Mi fanno le lastre.

Se ci ripenso oggi, quello è stato l'ultimo momento della mia vita in cui potevo ancora considerarmi una persona normale. Non per buttarla subito sul drammatico, ma ho dimenticato cosa vuol dire sentirsi «normali», cioè uguali a tutti gli altri.

Non so esattamente cosa io sia oggi, ma so per certo che non sono una persona «normale», e questa è una sensazione spiacevole. Certi giorni, e soprattutto certe notti, mi sembra di pattinare sul ghiaccio della mia anima. I medici hanno voglia a dire che bisogna comportarsi normalmente e fare una vita normale, uguale a quella di prima. Balle. Loro per primi sanno che non è così, e non è possibile che sia così. Oggi dal cancro si può guarire, oppure si può imparare a convivere con la malattia, e molti ci riescono. Ma «normali» non si è mai più. Si è diversi, un'altra cosa, spesso migliori, più consapevoli, più dolci. Ma niente è più come prima.

Mi tolgo la camicia, mi fanno le lastre, gira di qua, gira di là, alza le braccia, non respirare, e mi dicono di aspettare fuori pochi minuti.

Esco e raggiungo mia figlia Costanza. Non ricordo di cosa abbiamo parlato in quegli ultimi minuti inutilmente spensierati.

La porta si riapre e il tecnico mi fa cenno di entrare.

Entriamo Costanza e io. La presento al radiologo. La guarda per un momento, e poi ci invita a sedere su due piccoli sgabelli. Lui sta appollaiato su una sedia girevole senza schienale davanti al diafanoscopio. Ci sono lastre illuminate, nuvole grigie e bianche, una pennellata di nero. Pianeti, orbite rotanti, ellittiche, segnali misteriosi, avvertimenti, fantasie di poeti.

«Abbiamo un problema» mi dice subito.

Dentro di me sorrido. Quella stessa identica frase l'ho pronunciata io, al singolare, qualche anno prima, al mitico portiere Spatafora dell'Hotel Villa Igiea di Palermo. «Salvatore» gli ho detto «ho un problema.» Lui mi ha guardato come si guarda uno sprovveduto che ancora non ha capito bene dove si trova, e mi ha risposto: «Direttore, lei aveva un problema» calcando forte sul tempo passato del verbo *avere*. «Ora sono io che ce l'ho, e sarà mia cura risolverlo. Dica pure.» Questo dialogo è rimasto celebre nell'aneddotica della mia vita. Lo racconto spesso agli amici ed è apparso anche in un mio articolo.

Stavolta il problema mi resterà appiccicato addosso, come una decalcomania grottesca. Non potrò scaricarlo su nessuno. Salvatore è lontano, arroccato sotto il Monte Pellegrino che a quest'ora, e mi sembra di vederlo, comincia a tingersi di rosa.

«Abbiamo un problema» ripete il dottor De Franco, radiologo e messaggero del fato.

«Che problema?» chiedo io ancora al galoppo tra le nuvole della mia vita di prima.

«Un addensamento polmonare.»

Eccole qui le due parole che faranno deragliare per sempre la mia esistenza. «Addensamento polmonare.» Ci rifletto, come se avessi a mia disposizione l'eternità. «Polmonare»: questa parola va bene, significa che ho qualcosa al polmone. Ma «addensamento»: che diavolo vorrà dire, esattamente, addensamento? E com'è un addensamento del polmone? Ci sono forme compatte tutt'intorno? Oppure le cose dentro al polmone si sono intortate e fanno una gran confusione per cui i raggi X non riescono a penetrarle e a vederle bene? Guardo di nuovo le lastre illuminate ma ci vedo solo nuvole e confusione. Sento la voce di mia figlia e avverto la sua incertezza che per la prima volta rasenta la paura: «Che significa precisamente, dottore?».

«Significa che dobbiamo fare a papà una Tac che ci aiuterà a capire meglio quello che abbiamo di fronte.»

Ricordo che ho pensato: "Ma che sta dicendo questo? Io so benissimo cosa ho di fronte: la mia giornata, la mia vita, il mio futuro". Non avevo capito che mi ero giocato tutto in quelle due parole.

«Ho avvertito sua moglie, sta arrivando» continua De Franco guardandomi dolcemente, come volesse gridarmi: «Svegliati scemo, non hai ancora capito quello che ti sta succedendo?».

Mia moglie Barbara è radiologa anche lei. È una radiologa bravissima, per molti la migliore di tutta Roma nel suo campo: diagnostica della mammella.

Il nostro è stato, ed è, un matrimonio bellissimo arrivato dopo una grandiosa e irripetibile storia d'amore e di complicità. Da vent'anni ci amiamo e ci rispettiamo. Senza di lei io mi sarei perso per strada già decine di volte. Lei e Costanza sono i due pilastri sui quali poggia tutta la mia vita.

Quando De Franco dice che Barbara sta arrivando, finalmente capisco. Ci ho messo un poco, ma adesso capisco che, qualunque cosa significhi esattamente «addensamento polmonare», saranno dolori. Barbara non lascerebbe mai il suo studio nel mezzo del pomeriggio, mandando a carte quarantotto pazienti e appuntamenti. In venticinque anni che la conosco non è mai successo.

Mi portano in un'altra stanza e mi preparano per la Tac. Mi sdraio e finalmente i pensieri cominciano a fluire dentro di me. Mi sono svegliato. Ancora non so bene cosa mi aspetta, ma mi sono svegliato.

Ora la sento, flessuosa e sottile, decisa come una donna che ha deciso di usarti, la paura farsi strada nelle mie ossa e nelle mie arterie. Che strano, penso, è come una sensazione fisica. Ma qui non c'è niente di fisico, è solo frutto della mia immaginazione. Sei tu la tua paura, mi ripeto come piccolo mantra consolatorio. Non devi avere paura della paura, altrimenti lei ti catturerà e non riuscirai più a liberartene.

Inizia l'esame. Il rumore della macchina lo conosco bene. Conosco altrettanto bene le luci di tutti gli spazi come quello. Sono uguali in ogni parte del mondo, così come sono uguali il dolore, l'angoscia, la malattia di ogni essere umano.

Di solito adotto un trucco: quando comincio un esame lungo e non voglio pensare al risultato, mi metto a giocare a golf a occhi chiusi. Non è difficile come potrebbe sembrare, ed è molto consolatorio.

Buca numero uno dell'Olgiata. Non c'è vento, la temperatura è mite. Devo posizionarmi ben saldo sui piedi e sulle gambe per non sbagliare direzione. E devo ricordarmi, dopo aver colpito la pallina, di tirare su le braccia in modo da non sbilanciarmi sulla destra e sputtanare tutto. Mi sistemo bene, controllo, faccio un movimento di prova e colpisco con il legno. La pallina schizza via, diretta leggermente a sinistra, e si ferma sul *fairway* in maniera perfetta: ho il *green* libero davanti a me. Un bellissimo tiro. Lo ammetto, nelle stanze degli ospedali e delle cliniche, a occhi chiusi, dentro macchine che scarnificano il tuo corpo e la tua vita, tutti i colpi mi riescono in maniera impeccabile.

Stavolta però non ho voglia di giocare a golf. La mia angoscia sta crescendo e devo fare in modo di tenerla sotto controllo.

Finisce la Tac, mi alzo e, mentre mi abbottono la camicia, vedo dall'altra parte del vetro Barbara che è arrivata e sta parlando con i medici.

Mia moglie alza gli occhi e ci guardiamo. Ci conosciamo così bene e da talmente tanto tempo che adesso ho davvero paura. Nessuno dei due può fingere con l'altro. Sappiamo tutto di noi, è il bello di un matrimonio riuscito.

Barbara è pallidissima e ha lo sguardo di un naufrago. Non cerca nemmeno di fingere, né accenna a un sorriso. O forse sì, forse prova a sorridere, davvero non ricordo. Ciò che ricordo bene è di aver pensato: è peggio di quanto temessi. Barbara è annichilita, di questo sono certo, tutto il resto continua a restare confuso.

Dall'altra parte del vetro ci sono altri corpi, altri visi, altri occhi. Tutti si muovono come dentro un acquario, con movimenti lenti e precisi, sono pescimedici che nuotano e hanno in mano il mio destino e quindi il destino del mondo intero. Tutto il pianeta è fermo, sospeso da questa parte dell'acquario dove sto io e dove fa freddo, ma non voglio uscire dalla stanza della Tac e del golf virtuale. Non voglio stare fuori da queste quattro mura color perla dove posso sognare che la Tac non è ancora iniziata e il risultato non c'è o comunque non è certo. Tutto deve ancora accadere, tutto può ancora accadere. E la vita può cambiare di nuovo.

Non voglio andare dall'altra parte dell'acquario perché ho già capito che lì c'è il mondo reale che ha in serbo una brutta notizia per il ragazzo che continua a vivere spensierato dentro di me.

Dalla prima pagina del «Corriere» di quel giorno, in basso a destra, mi sorride la faccia del mio amico Enrico Mentana che sponsorizza il suo libro *Passionaccia*. Penso: chi glielo dice adesso ai miei amici? I problemi purtroppo sarebbero stati ben altri.

Queste sono state le prime ore della scoperta.

2

Sapete come sono i pensieri di notte, hanno un ritmo diverso da quelli del giorno. Vanno e vengono per i fatti loro, non riuscite a controllarli bene, vi scappano da una parte e dall'altra, e quando riuscite a imbrigliarli, o almeno così vi pare, vi accorgete che il tempo trascorso è molto più dilatato di quello che credevate. Io di solito conto i colori delle farfalle che conosco. Non è che serva a molto: più che farmi addormentare, tutti quei colori insospettiscono la mia insonnia. Di notte il tempo con i suoi pensieri arruffati se ne va per i fatti suoi.

La clessidra della notte non somiglia mai a quella del giorno, e durante il giorno la clessidra della mattina è diversa da quella del pomeriggio. Sono le magie dei granelli di sabbia, la grande *magherìa* dell'universo che ci circonda.

Ha ragione Adriano Sofri che una volta dal carcere ha scritto, cito a memoria: «I decenni volano, sono certi pomeriggi che non passano mai». Ha davvero ragione, nemmeno lui sa fino a che punto ce l'ha.

Non so quando ho deciso di scrivere questo libro. So perché l'ho scritto, e quanto bene mi abbia fatto scriverlo. Ma se devo fissare una data precisa del momento in cui mi sono detto: "Ecco, su questa vicenda di coraggio e di paura, di vita e di morte, è ora di scriverci un libro", allora mi confondo e vado in corto circuito.

Lo dico perché sono stato convinto per lungo tempo che la decisione di raccontare la storia mia e dell'Alieno dentro di me, mia e di Gino, mia e del vecchio albero di baobab, mia e di tutti i disgraziati come me che hanno visto in un attimo la loro vita stravolta, sia nata dopo alcune settimane che la malattia era stata scoperta. Forse addirittura mesi.

Mi sbagliavo. In assoluta buonafede, ma mi sbagliavo.

Mi sbagliavo perché nel taccuino che tengo dentro il cassetto del mio comodino, ho trovato un appunto datato: notte tra il 19 e il 20 maggio, cioè esattamente la prima notte nella quale ho dormito, cosciente, con l'Alieno dentro.

La cosa straordinaria è che io non ricordo affatto, per quanti sforzi faccia, né l'ora né tanto meno il significato di quell'appunto. Ci ho pensato, ci ho riflettuto a lungo, ho cercato dentro di me come un ordinato esploratore di detriti dell'anima, ma non ho trovato niente.

Per ciò che mi riguarda quella notte io ho dormito (male), ma non ho scritto niente.

E invece quelle quattro parole, vergate con la mia calligrafia stanno lì a testimoniare il contrario. Ho scritto: PAURA, GORGO, FORZA, DIGNITÀ. Le ho messe tutte in maiuscolo perché così le ho trovate sul foglietto. Sono scritte in rosso, perché rossa è la penna che tengo nel cassetto. Ma in rosso, sapendo oggi a cosa si riferiscono, fanno più impressione. Rendono testimonianza del mio stato d'animo di allora.

Eppure ricordo bene molte cose di quella notte, e delle ore che l'hanno preceduta.

Ricordo che io e Barbara siamo tornati a casa tramortiti, lei più di me. Come medico, e come medico che diagnostica almeno una volta al giorno un tumore alla mammella e deve preparare la paziente ad assorbire il colpo di quella notizia, lei sapeva bene a cosa saremmo andati incontro tutti e due.

Sapeva quanto è vigliacco il cancro, quanto è tenace, come rode e corrode, come si nasconde per attaccare all'improvviso, come sparisce per poi riapparire e colpire. Sapeva che non dà tregua. Sapeva che è talmente stupido e feroce che accetta di morire pur di uccidere il suo ospite: perché le cellule tumorali smetteranno anche loro di mangiare e crescere e vivere non appena avranno ammazzato l'uomo che hanno scelto per il loro macabro festino.

Barbara conosceva assai bene tutta la trafila, molto meglio di me, e per questo era stravolta. Lei che non si fa mai tramortire da nulla, che aveva retto, solo pochi mesi prima, alla morte della mamma adorata.

Io avevo un atteggiamento più guascone e irriverente, come se questo potesse servire a esorcizzare il male. Un po' per carattere, un po' per tentare di tirar su sia lei che Costanza. Mia figlia aveva rinviato la partenza per Palermo, aveva avvertito la redazione e deciso che mi sarebbe rimasta accanto nei tre giorni seguenti.

Quando siamo andati a letto con Barbara ci siamo abbracciati stretti e lei ha cominciato a carezzarmi la nuca e le spalle, con movimenti lenti carichi di tenerezza. «La mia piccola pulce» sussurrava. «Ma cosa mi combina la mia piccola pulce...» Poi ha iniziato a piangere e io mi sono sentito uno schifo perché non sono mai stato bravo a fare le coccole e perché sapevo che non c'era coccola in tutta la galassia in grado di consolare quella disperazione. Ho lasciato che piangesse, e intanto sentivo la mia emozione crescere. La voglia di piangere mi saliva da dentro e mi faceva tremare le labbra. Ho cercato di serrarle, poi ho capito che dovevo lasciarmi andare, che anche quello era un momento bello da vivere insieme a lei. Così ho iniziato a piangere a singhiozzi lenti e profondi, e siamo rimasti abbracciati in mezzo alla nostra tenerezza, al nostro amore profondo, ai kleenex recuperati per la bisogna.

È stata la prima grande lezione che mi ha dato questa malattia.

È importante che io mi spieghi bene e riesca a far capire ciò che voglio dire. Perché molto di quello che scriverò dipende dalla lucidità di questa mia prima e abbozzata consapevolezza. Dalla percezione, allora molto debole, che esiste una giustezza e quasi una necessità di passare per questa terribile lezione di vita. Lo so, sembra orrendo scrivere «giustezza» e «necessità» parlando di una malattia fetente come il cancro. Eppure vedrete che non sono diventato un pazzo.

Oggi le cose davanti a me sono chiare, nitide, potrei scrivere addirittura che sono luminose. Non ho dubbi e so per certi versi di avere ragione. Ma la prima notte era tutto confuso: lo stato embrionale mi parlava solo di paura e di gorgo. La forza e la dignità sarebbero arrivate dopo. Ero stordito, spaventato a morte, aggrappato alle braccia e al corpo di mia moglie.

Quella sera, in quel momento preciso della mia esistenza, se avessi potuto staccarmi da terra e guardare me e Barbara dall'alto del soffitto della camera da letto come un estraneo, avrei visto soltanto due poveri disgraziati colpiti da una forza cupa e terribile, assai più grande di loro.

Eppure è proprio questo che offre una giustificazione e una sorta di grandezza, e in seguito una forma di serena accettazione, a malattie come il cancro. Che spesso, ancora troppo spesso, non lasciano speranza.

Ma quella sera, nel buio e nel silenzio della stanza, mentre cercavamo il sonno e un po' di quiete per le nostre paure e la nostra confusione, parole come «giustificazione», «grandezza» e «accettazione» erano prive di senso. Blasfeme, direi.

Ne riparleremo.

3

Non so che idea abbiate voi degli animali, e dei cani in particolare. Né tanto meno pretendo che le vostre idee siano uguali alle mie, ci mancherebbe.

Io adoro gli animali, soprattutto i cani. Il loro modo di essere, di esistere, di porsi nei confronti degli umani mi affascina. I loro occhi e gli sguardi che ci destinano mi catturano e mi sciolgono. C'è una tale dolcezza e tanto di quell'amore che davvero non so come si possa resistere loro.

Magari voi siete invece d'accordo con Oscar Wilde che avvertiva: «Amo la natura purché stia al suo posto». Ne avete tutto il diritto e non tenterò mai di convincervi del contrario. Trovo molto sano e giusto che ognuno di noi scelga da solo su questa Terra i suoi inferni e i suoi paradisi.

Tutto questo per introdurre Pippo, che da cinque anni è il nostro cane. È un bastardo, ma non nel senso che è un figlio di buona donna (cosa che peraltro è).

Pippo è un bastardo nel senso letterale del termine. L'abbiamo trovato il primo agosto del 2005, appena arrivati a Cozzo Capraro, nella nostra casa sulle Madonie. Con le due macchine ancora da vuotare e lo stordimento della traversata in nave da smaltire (ma esiste un modo più dolce di quello via mare per avvicinarsi e vedere Palermo di mattina?), abbiamo visto correre nella nostra direzione dal cancello un animaletto di pochi mesi, magro da far paura, affamato, che non si reggeva sulle zampe. Si è fermato a una decina di metri da noi facendo uscire dalla gola un lamento così debole che non abbiamo saputo resistere.

Per farvela breve, Pippo è stato adottato, nutrito, sfamato ed è tornato a Roma con noi, diventando un aristocratico siciliano che passeggia ogni giorno nella Valle dei Cani a Villa Borghese con Stefano, il suo dog sitter. Nel parco fa il bello e il cattivo tempo e si muove come il principe don Fabrizio Salina nei suoi feudi. O almeno così credo io, perché c'è chi lo chiama «il mafioso» per il modo con cui impone la sua volontà agli altri cani.

Ma per non farla neanche troppo breve, perché anche le vite dei cani hanno i loro percorsi insondabili e i loro destini da compiere, aggiungerò che nelle prime tre settimane insieme a noi a Cozzo Capraro, ogni volta che arrivava la pappa, a quel cagnolino ancora tutto ossa e brutti ricordi cominciavano a tremare le zampe e se la faceva addosso per l'emozione. Poi, quando si calmava, affrontava la scodella, il cibo e il suo nuovo destino.

In pochi mesi è diventato un «canone». Di brutto carattere, perché solo Dio sa quello che ha dovuto passare nei primi mesi di vita, ma un «canone» che tutti trattano, e vorrei vedere, con il dovuto rispetto. Un poco difficile, ma capace di infinite dolcezze che ti stordiscono.

È nero come un tizzone, un incrocio tra un lupoide e un cirneco dell'Etna. Quando si mette seduto sul di dietro, tiene la testa dritta in avanti e le orecchie puntate verso l'alto, è la riproduzione perfetta di Anubi, divinità egizia, quarto figlio di Ra, che all'inizio proteggeva il regno dei morti ma poi, spodestato da Osiride, va a godersela in posti più salubri, ed è noto come «colui che è sulla montagna».

Praticamente la storia di Pippo. Nero, robusto, lunga coda, orecchie dritte, nato sulle Madonie e trasportato dal fato a Roma.

Dimenticavo: non ho mai visto un cane da guardia più da guardia di lui. Nessuno gli ha insegnato niente, ma provate ad avvicinarvi alla porta di casa, o ad arrivare distrattamente alle spalle di Barbara, e poi mi saprete raccontare.

Due estati fa ce ne siamo andati io e lui in campagna a fine giugno, per la prima lunga vacanza da pensionato della mia vita. Un periodo meraviglioso.

Un giorno di luglio sulla Panda arancione 4x4, io davanti e lui dietro, giravamo per viottoli e trazzere, quando abbiamo visto la famiglia di Pippo. Avevo saputo da dove era arrivato (o da chi era stato cacciato): un pastore che ogni giorno porta le pecore al pascolo e si fa accompagnare da due o tre cani. Tutti come Pippo. Il più grande dei tre deve essere il padre e l'indiscusso capobranco. Quel giorno di luglio stava fermo sul ciglio della strada, e ci ha seguito con lo sguardo mentre passavamo con la macchina. Un lupone da fare paura con un occhio maciullato, immagino in una rissa, e uno sguardo duro e determinato.

Ho pensato che anche lui avrà avuto i suoi momenti di dolcezza, ma bisognava faticare molto di fantasia per immaginarli. Mi sono girato e ho detto a Pippo: «Guarda bene mascalzone, questo era il tuo destino. Non dimenticartene quando ti va di fare lo stronzo». Lui mi ha guardato e non ha aperto bocca, ha girato la testa e si è messo a fissare le montagne davanti. Fa sempre così quando non vuole dare soddisfazione. Altrimenti ti risponde e si fa sempre capire.

La notte tra il 19 e il 20 maggio, la prima in cui ho abitato nella costellazione del Cancro, dopo aver scritto quelle quattro parole – paura, gorgo, forza, dignità –, non so bene come né quando, è successa una cosa ancora più sorprendente. Vi prego di credermi, perché niente è più vero di questo libro che non sto scrivendo io ma il mio cuore.

Anche dopo essere stato adottato da noi, Pippo è rimasto un cane indipendente. Adora me e Barbara (Barbara di più). Decide lui quando farsi carezzare o fare una coccola. La notte dorme in vari posti della casa, qualche volta anche nella nostra camera. Si mette ai piedi del letto, e io, che ho il sonno leggero, lo ascolto sognare e bofonchiare a lungo. Qualche volta si lamenta, perché i cattivi ricordi, per gli animali come per gli uomini, sono duri a morire.

Quella sera, Pippo è venuto dalla mia parte del letto e si è sdraiato. Non si è più mosso. Fermo, accanto a me per tutta la notte. Non l'ha fatto mai più, né prima né dopo. Solo quella volta.

Debbo pensare che sia solo un caso? Oppure che ha sentito qualcosa in me che non andava? Ha avvertito la paura e il gorgo? Ha voluto incoraggiare la forza e la dignità con la quale avrei dovuto affrontare i giorni a venire? Non lo so, non lo saprò mai. In realtà non è importante nemmeno che io lo sappia.

So soltanto che è rimasto lì, sdraiato accanto a me per lunghe ore. Forse è l'unico testimone che mi ha visto scrivere quel biglietto.

4

Ma adesso basta, è ora di tornare a parlare di pipistrelli. Il risveglio il giorno dopo è stato tristissimo. Intanto perché mi sono svegliato presto, come al solito verso le sei, e ho sentito Barbara che piangeva piano, con singhiozzi brevi e rabbiosi.

Non vorrei che vi foste fatti un'idea sbagliata di mia moglie: è una donna forte, di gran carattere, abituata ai colpi bassi della vita. Una che cede alle lacrime molto ma molto raramente. «Penso a mamma» mi ha detto quella mattina. «Da un lato, meno male che non c'è più perché questa cosa tua per lei avrebbe significato un colpo durissimo. Dall'altro, sarebbe stata per me una spalla consolatoria formidabile...» Sapevo che più tardi ne avrebbe parlato con la sorella Antonella, una donna a cui voglio molto bene, a lei, a quel galantuomo di suo marito Carlo e ai loro quattro figli, che fanno parte della mia famiglia del cuore.

Poi abbiamo compiuto i nostri gesti quotidiani in un quotidiano stravolto: aprire la finestra del terrazzo per far uscire Pippo, preparare la colazione nonostante lo stomaco chiuso in una morsa, farsi la barba e la doccia, vestirsi, fare finta che il 20 di maggio fosse una data come un'altra.

L'abitudine è una cosa incredibile: riempie o svuota ogni atteggiamento e ogni movimento a seconda della bisogna. È ripetitiva, e quindi automaticamente rassicurante. Ma nello stesso tempo ti permette di caricare la ripetitività di piccole novità assolute, basta che tu abbia la fantasia di farlo. Ti connette al passato anche più remoto o ti consente collegamenti mentali tra i più affascinanti.

Un esempio: verso le nove è arrivata Costanza e ci ha abbracciato. Poi è scoppiata a piangere chiedendoci scusa per quel cedimento. Le ho detto: «No, va benissimo così, piangete quanto volete, è bellissimo e porta bene. Ma non vi ricordate quando è stata l'ultima volta che avete pianto come due sceme per una notizia che mi riguardava?». Mi hanno fissato con gli occhi sgranati. E io, magnanimo: «È stato quando Caltagirone mi ha nominato direttore del "Messaggero" il 6 giugno del 1996» – ho una vera fissazione per le date – «E vi ricordate cosa è successo dopo? Che "Il Messaggero" ha iniziato a guadagnare copie giorno dopo giorno, settimana dopo settimana, mese dopo mese, ed è andato avanti così fino a ottobre del 1999, quando me ne sono andato con il giornale al suo record storico di vendite: trecentomila copie al giorno effettivamente vendute». Una cosa mai vista né prima né dopo nella più che centenaria storia di quel giornale. «Quindi» ho aggiunto trionfante «piangete quanto volete, vedrete che tutta quest'acqua salata porterà bene.» E ho concluso di buon umore: «Queste vostre lacrime sono la prima buona notizia da ieri pomeriggio».

Arriviamo a Villa Margherita dove mi piantano un ago nella spalla per arrivare fino al polmone destro e prelevare materiale cancerogeno. Naturalmente, la sto spiegando in modo becero. In realtà mi stendono a pancia in giù sotto la Tac e mi fanno la *centratura* in modo che l'ago vada dritto dentro la lesione a prelevare il materiale e capire esattamente con che cosa abbiamo a che fare. In termini scientifici, solo per chi tra voi fosse interessato alla scientificità della materia, si chiama biopsia percutanea Tc guidata.

In termini pratici è una vera e propria porcata che per fortuna non procura dolore perché la parte interessata viene addormentata con un'iniezione.

Anche qui bisogna che ci intendiamo bene. Quando dico che non senti niente è vero, ma fino a un certo punto. Non senti dolore perché hai l'anestesia locale e quindi non strilli facendo una figura miserevole. Ma senti, eccome se la senti, una cosa (l'ago) che ti entra dentro, in una parte del corpo dove prima non è mai entrato nulla di così invasivo, che ti si infila nella carne e a un certo punto raggiunge la sua meta. Solo in quell'istante, non so perché, chi sta facendo la biopsia dà tre o quattro colpi forti, che tu avverti distintamente (senza dolore), come se azionasse uno stantuffo, e quindi l'ago e le schifezze che ha pescato dentro di te, in luoghi oscuri e finora incontaminati, risalgono in superficie.

Mentre mi stantuffano ben bene, davanti a me, dall'altra parte della Tac, appare il viso sorridente di Enrico Cortesi, che è stato un nostro vicino di pianerottolo quando abitavamo nella casetta incantata di una via incantata dei Parioli. Una strada che somiglia, ed è l'unica di tutta Roma, a quella di Londra in cui atterra dal cielo con l'ombrello aperto Mary Poppins: una strada incantata di alberi di sophore dalle foglie leggere e di villette del primo Novecento nel cuore di Roma.

In ogni modo, con Enrico siamo stati vicini di pianerottolo per un anno, e non lo vedevo da molto tempo. Ha una faccia simpatica che adesso mi ritrovo davanti mentre mi stantuffano vigliaccamente alle spalle. Penso: "Che buffa la vita, chi l'avrebbe mai detto? Lui c'è abituato e sicuramente sta pensando ad altro, magari alle mie lastre toraciche che ha appena visto". Comunque sia, è bravo e si comporta da vero professionista, perché mi sorride e fa il segno della vittoria con indice e medio della mano destra alzati.

Non posso muovermi ma gli sorrido volentieri. Non so perché, mi ha sempre ispirato fiducia.

Barbara l'ha scelto come mio oncologo curante. In pratica è l'uomo a cui ha affidato la mia vita e il nostro futuro. Mia moglie conosce tutti i professionisti di Roma, se ha scelto lui è perché lo considera il migliore in questo campo.

Mentre mi rivesto, lo guardo dall'altra parte del vetro parlare con alcuni medici, tra cui Barbara, e penso: che lavoraccio deve fare il povero Enrico! Oncologo: cioè uno che lavora con i malati di cancro, uno che sa che il cinquanta per cento (almeno) dei suoi pazienti morirà nonostante le cure entro uno o due anni, e toccherà a lui comunicarglielo, dirlo ai parenti, occuparsi del paziente fino alla fine, consolarlo, non lasciarsi coinvolgere o travolgere emotivamente, farlo soffrire il meno possibile. Che schifo di lavoro, io non lo farei mai, continuo a ripetere abbottonando la camicia.

Non la penso più così. Non farei mai l'oncologo perché il cuore non mi reggerebbe, proprio come non riuscirei mai a fare il medico. Ho visto però come si comportano questi uomini con i loro pazienti e oggi so che gli angeli esistono, non sono affatto invisibili e purtroppo non hanno le ali perché sotto il camice sarebbero loro d'impaccio. Sono leggeri e ostinati, dolci e pazienti, fragili e sicuri della loro scienza. Credono nei protocolli internazionali e qualche volta in Dio. Credono nella guarigione e trattano con la morte da pari a pari. Perdono spesso, i più bravi non si arrendono mai.

Mi fanno leggere il referto del radiologo: «Opacità polmonare localizzata in sede parailare destra ad interessare il segmento polmonare apicale swl LID. Non flogosi pleuro-parenchimali in atto. Cuore nei limiti. È necessario studio Total Body mediante MDCT con mcd».

Non vi preoccupate, non c'è nulla che non sappiate già. Ho una brutta lesione (cancro) al polmone destro e per capirci di più devono farmi una Pet, che è un'altra diavoleria tipo Tac che imparerò a conoscere bene.

E vedo finalmente il nuovo ospite. È una visione confusa che appare, alla fine della mattina, a un uomo confuso e anche, per la verità, impaurito. Mi fanno vedere la lastra toracica che ho fatto il giorno precedente alla Paideia.

Per la prima volta guardo con attenzione i miei polmoni, con i quali convivo gagliardamente da sessantasei anni, che non sono pochi. Visto così, circondato da braccia bronchiali e tronchi tracheali, non lo distinguo chiaramente e, in ogni caso, non sembra una creatura malvagia. Un folletto dei boschi, una piccola invenzione degna del grande Shakespeare in una notte di mezza estate, una cosa buffa che non può essere la causa della mia morte e di tutta l'agitazione che da quasi ventiquattr'ore mi circonda.

Poi osservo meglio e lo vedo, anzi «la» vedo questa macchia bianca a forma di pera che sta sul lato destro, appoggiata mollemente a una parte del mio corpo che mi diranno essere la trachea. Quei sette centimetri stanno lì da almeno quattro anni, hanno fatto in tempo a crescere e a generare tutti i linfonodi che sono andati a posizionarsi dove volevano o dove piaceva loro.

Non è una cosa di secondaria importanza, come vedremo fra poco.

Per ora mi limito a guardare questa cosa buffa che nel polmone sinistro non c'è. Questa mancanza di sincronia un poco mi infastidisce perché, pur non avendoci mai capito nulla da studente, ho sempre amato il rigore e l'apparente semplicità della geometria. Qui invece la geometria s'interrompe sul lato destro con quel gonfiore, quel frutto, quella cosa lì che adesso, anche a me, appare sospetta. Il folletto shakespeariano, a guardarlo bene, è meno simpatico e conviviale di quel che credevo. Non ride, ghigna. Non agita le braccia per un saluto, le muove come per una minaccia. Non sta ballando circondato da gnomi e fate dei boschi, avanza come per un assalto di ferro e fuoco. Non è l'arrivo di un araldo canterino che annuncia una festa in un castello, ma l'inizio di un assedio alla mia vita. Non vuole giocare con me, mi vuole morto.

5

E finisco a litigare con i centimetri. No, non quelli della lesione polmonare, che sono sette e ai quali ormai sono rassegnato. A proposito, notate come sono diventato bravo e asettico, la chiamo «lesione» e non più cancro, termine che fa paura e viene considerato respingente.

«Non mettiamo la parola cancro in copertina, la gente la legge e scarta subito il libro» mi avverte con ferma gentilezza la mia editor Lydia Salerno, che qui subito approfitto per ringraziare per l'aiuto psicologico e pratico che mi ha dato durante la stesura di questo libro.

E va bene, siamo ragionevoli, non mettiamo la parola «cancro» in copertina, ma allora non dovremmo usarla nemmeno negli oroscopi, o dovremmo toccare ferro ogni volta che conosciamo una persona che ci dice: «Sono del Cancro». Né vorremmo sapere alcunché sulla costellazione che porta questo nome, che invece è una delle più intriganti della nostra galassia. Ci darà un gran da fare la costellazione del Cancro per scoprirne gli intrighi e i misteri, una volta che saremo arrivati dall'altra parte della vita. Sarà comunque uno dei primi viaggi interstellari che farò. Altro che il pianeta Pandora di Avatar!

Torniamo ai centimetri. Guardo e riguardo questa lastra toracica, che nel frattempo mi sono portato a casa, e studio attentamente. Rompo le scatole a mia moglie chiedendo spiegazioni su questo e quello. Poi domando: «Ma è attaccata a che cosa? Esattamente su cosa sta appoggiata questa lesione?». Barbara mi fissa con uno sguardo nel quale, realizzo solo oggi, c'era molta più saggezza e dolore di quanto potessi immaginare. In esso c'era infatti la conoscenza e la percezione del dopo, che io allora neanche immaginavo.

«Sulla trachea, sui bronchi e sull'aorta» mi risponde.

Insomma, su un mucchio di cose.

«E questo è un bene o un male?» insisto. Quando mi ci metto, sono un formidabile rompiscatole.

«Non credo che sarà un bene» mi dice.

«Perché?»

«Aspettiamo di sentire cosa dice domani Massimo Martelli» fa Barbara.

L'indomani mattina abbiamo appuntamento con il suo amico Martelli, il numero uno a Roma tra i chirurghi toracici.

Adesso so che è stata anche una questione di centimetri. A essere fatalisti e cinici, molto spesso la differenza tra il vivere e il morire è proprio questione di pochi centimetri. O di pochi secondi. Qualche centimetro più a destra, e ce la fai. Qualche secondo prima o un niente di secondi dopo, e sei morto.

Ma quel pomeriggio di fine maggio, mentre me ne stavo sul terrazzo di casa tra gelsomini fioriti e superbe daturе bianche e guardavo in controluce quella maledetta lastra come un allocco, ancora non lo sapevo. Sprecando, tra l'altro, la luce ammaliante di un bel tramonto romano.

Ancora non realizzavo che se quella pera, quel folletto diabolico, quella cosa lì, quel cancro, quella lesione insomma, fosse stata posizionata pochi centimetri più a sinistra, una manciata d'altri più al centro, un grappolino un po' più lontano dall'aorta e dai bronchi e dalla trachea, sarebbe stata tutta un'altra storia.

Magari sarebbe finita bene o male lo stesso, ma adesso racconterei tutt'altra storia.

Questa è stata la seconda lezione che ho imparato dal cancro: non devi mai perderti nei pensieri che non portano da nessuna parte. È un pericolo, perché sprechi energie e sogni cose impossibili. Togli forze positive dall'unico scopo che devono avere: tenerti in vita e non farti avere paura del nemico.

Naturalmente questo non è possibile, perché ogni battaglia che davvero importi è fatta di potenza e di concentrazione, ma è composta allo stesso modo di nebbie e di sogni, di nuvole e di gesti folli. C'è sempre un gesto di pura follia nella vittoria e nella speranza.

In questo caso, la follia era sperare che l'Alieno fosse quattro o cinque centimetri più al centro del polmone per essere considerato operabile. Operabile e asportabile. Via, gettato nel cassonetto e mangiato dai gatti randagi. Il destino buttato in un gattile, un pezzetto di polmone mutato in una magia del chirurgo Merlino, bardo, vagabondo e incantatore delle genti.

Ricordate quel bellissimo film di Massimo Troisi, *Ricomincio da tre*? Ricordate la scena in cui Troisi, a casa dei suoi genitori, si mette davanti a un vaso e cerca di spostarlo con il solo potere della mente? Naturalmente il vaso non ci pensa nemmeno a dargli questa soddisfazione, e lui non riesce a darsi pace: «Ma che ti costa, tu ti sposti di pochi centimetri e io e te siamo subito famosi in tutto il mondo, diventiamo ricchi e ci godiamo la vita... pochi centimetri, che sono pochi centimetri, fetentone?».

Niente, non sono niente pochi centimetri. Una volta si sarebbe detto la lunghezza di un fiammifero. Oggi i fiammiferi non si usano quasi più ed è difficile pure quantificarli a mente sei o sette centimetri. Un niente. Uno sbaffo, una virgola tra la speranza e la condanna. Per novecentonovantanovemila volte sette centimetri non sono niente. Poi arriva la milionesima e possono diventare tutto. O più semplicemente la differenza reale tra la vita e la morte.

Se fossimo in un film, a questo punto la macchina da presa si allontanerebbe piano e leggera verso l'alto, e lo spettatore vedrebbe la mia figura sdraiata sul divano di plastica (scomodo ma firmato) del terrazzo che guarda una lastra in controluce e che sogna la sua follia positiva. E vedrebbe la figura farsi a poco a poco più piccola, fino a scomparire, come un palloncino che vola in cielo fino a svanire.

Oppure come quei sogni di cartapesta che non si avverano mai.

6

E l'indomani si corre al Forlanini da Massimo Martelli, poeta, chirurgo, pazzo nella sua saggezza e saggio nella sua follia. Una sagoma. È il primario del reparto di chirurgia toracica, ma soprattutto un grande medico capace di parlare con il paziente.

Non è una banalità. Non sono molti quelli che conoscono quest'arte sottile ma fondamentale.

Se dopo un anno trascorso tra medici e infermiere, iniezioni e Tac, flebo e Pet ho imparato qualcosa, è quanto sia importante il rapporto che si instaura subito tra il professore seduto dietro la scrivania e il paziente con la sua malattia che gli pesa sul cuore. Quando poi si tratta di una forma di cancro grave, questo rapporto fatto di sguardi e di cose dette, di fiducia e di cose non dette ma intuite, è determinante.

Il paziente è pronto a credere a tutto quello che ascolterà dal medico, e subito dopo a pensarla in maniera opposta se a convincerlo sarà sempre il suo medico. Il paziente, in ogni caso, chiede solo di essere informato e di non essere preso in giro. Magari vorrebbe sentirsi dire che la soluzione positiva è a portata di mano, ma è disposto anche a conoscere le difficoltà che incontrerà durante la cura e le possibilità reali di guarigione. Vuole sapere con schiettezza quali sono le vie da percorrere, le medicine da prendere, e anche i veleni da farsi iniettare in vena. È pronto a tutto, se è il suo medico a chiederlo dopo avergli spiegato *chiaramente* la situazione. Ripeto: chiaramente, o almeno il più chiaramente possibile, perché ci sono alcuni punti del labirinto che neanche i medici conoscono. E nei quali non vogliono nemmeno avventurarsi. Se potesse, il paziente vorrebbe sapere da lui con geometrica precisione il suo futuro di malato e il suo destino di uomo.

Per questi motivi lo ascolta come si farebbe con un oracolo definitivo, e ciecamente gli si affida. Forse solo tra il cane e l'uomo, se i professoroni in camice non si offendono per l'accostamento scostumato, esiste lo stesso tipo di fiducia incondizionata.

Le cose non vanno sempre in questo modo. Spesso i medici sono evasivi e poco chiari, dicono e non dicono, assicurano e gelano, non spiegano a sufficienza, non hanno voglia di impegnarsi, non hanno tempo e comunque non vogliono sprecarlo. Per ogni malato la sua malattia è unica e irripetibile nell'universo, per il medico è «solo» un'altra lesione al polmone o allo stomaco o al fegato. Ne hanno già visitata una mezza dozzina in mattinata e altrettanti pazienti lo aspettano l'indomani. Un cancro è un cancro, come una rosa è una rosa è una rosa secondo Gertrude Stein. Per il paziente il suo cancro è il centro di tutto e la fine di ogni cosa.

Mi ha colpito molto uno studio condotto da un'università americana su alcune migliaia di pazienti di tumore nell'arco di cinque anni. L'ottanta per cento degli intervistati, quindi una porzione enorme del campione, affermava che sin dal primo incontro non erano riusciti a spiegare al medico tutti i loro sintomi perché lui li interrompeva continuamente e mostrava una gran fretta di liquidarli e passare ad altro. I coordinatori dello studio arrivarono a stabilire che la prima interruzione del paziente giungeva dopo diciotto secondi. Diciotto secondi! Ci pensate?

Ho fatto una prova mentale: cosa sarei riuscito a dire io, che pure ho un grado di cultura più elevato della media e ho fatto per quarant'anni un lavoro che esalta la sintesi, in soli diciotto secondi? Una malattia che può farmi morire entro i primi due anni dal suo manifestarsi spiegata in diciotto secondi? Le paure, le angosce, i dolori, i sintomi falsi ma vissuti come veri, le ore della notte dilatate in incubi, il senso di esclusione dalla vita di tutti gli altri, il sentirsi diverso e come sporco, perché lordato da una malattia orrenda chiamata cancro, tutto questo in diciotto secondi?

Qualche mese dopo, quando ormai ero un malato di tumore scafato, avevo assorbito flebo di chemio, mi ero sottoposto a doppie sedute giornaliere di radioterapia, avevo vomitato fino a sfinirmi, sofferto di diarree infinite, provato la nausea per giorni e giorni e la conchiglia della vita si era chiusa quasi fino in fondo facendomi gelare le ossa e il cuore, qualche mese dopo tutto questo, Franco De Lorenzo, ex ministro della Sanità finito nel girone infernale di Tangentopoli e poi assolto, dopo aver avuto (e vinto) un cancro allo stomaco, un giorno mi ha chiamato e mi ha chiesto di coordinare un convegno dell'AIMaC, l'Associazione italiana malati di cancro che aveva creato, sul tema *Parlare con i malati di cancro*. Era rivolto ai soli medici, e avevo accettato con gioia perché, come avevo spiegato subito a tutti gli intervenuti, adesso sapevo veramente cosa volesse dire *parlare* con i malati di cancro. E potevo dire la mia senza paura di fare la figura del fesso o del pressappochista, cosa che spesso noi giornalisti facciamo.

Non loderò mai abbastanza l'opera dell'AIMaC, una realtà divenuta importantissima grazie al lavoro di pochi (sempre troppo pochi) volontari guidati da De Lorenzo. Dirò soltanto che a quel convegno avevo esordito dicendo che la più grave responsabilità di un medico non è sbagliare diagnosi o cura, che pure è terribile. Il peccato peggiore che possa commettere un medico nei confronti di ogni suo paziente, anche il più umile e il meno preparato, è quello dell'orgoglio e dell'arroganza. È quello di non spiegargli bene come stanno le cose, comunque stiano le cose. Anche la malattia più grave ha diritto a un limite di verità che il medico curante se vuole non deve superare, ma in ogni caso a quel limite di verità deve sempre arrivare. Sempre. Il diritto primo di un paziente è quello di non essere preso in giro. Il dovere primo del medico, di non prenderlo in giro.

Chiunque, colpito da una malattia grave, troverà dentro di sé le risorse per fronteggiare le crisi che inevitabilmente arriveranno se sarà seguito da un medico sereno e responsabile che gli dà fiducia. Ma se alle paure inevitabili si aggiungeranno quelle dell'ignoranza alimentate dalle mancanze del medico, tutto sarà più difficile. E l'eventuale vittoria apparirà più sbiadita, più nebbiosa, più lontana.

Insomma, a mano a mano che vado avanti nel cammino che mi è toccato in sorte, mi convinco sempre di più che i medici devono saper parlare prima al cuore e poi alla mente dei malati.

Ma quella mattina, al Forlanini, Massimo Martelli, anzi il professor Massimo Martelli, insigne chirurgo e amico di mia moglie, fu subito chiaro. Come doveva essere, per grazia di Dio.

Osservò le lastre, le guardò di sopra e di sotto e, siccome nell'animo è un poeta, forse anche lui vide folletti e notti stellate, ma si guardò bene dal dirlo perché nel cervello è un grande chirurgo, e disse soltanto: «Non se ne fa niente». Che in pratica stava a significare che lui non poteva operare, e se a Roma non operava lui voleva dire che nessun altro (con la coscienza a posto) lo avrebbe fatto.

Poi si spiegò, perché Martelli appartiene a quella scuola antica nella quale il medico dice cosa farà (o non farà), e poi dice il perché. In pratica posò le lastre, guardò me e poi Barbara e disse: «Non posso operare perché il tumore è molto grosso, è posizionato troppo vicino alla trachea, ai bronchi e ai polmoni, e i linfonodi sono attaccati anch'essi a questi organi; quindi dovrei squarciarti per niente, o comunque con la ragionevole certezza che non potrei fare bene il lavoro, perché non riuscirei a pulire tutto quello che c'è da pulire, resterebbero parti di tumore e linfonodi sparsi. Sarebbe un vero e proprio insulto chirurgico».

Era la prima volta che sentivo quell'espressione: insulto chirurgico. L'ho trovata magnifica, non so perché ma mi è sembrata del tutto appropriata. Insulto chirurgico: c'era qualcosa di rispettoso nei confronti del paziente, e nello stesso tempo un'ammissione volontaria di umiltà e di impotenza da parte del medico.

L'avrei ascoltata altre volte nel corso dei mesi, ma allora mi impressionò molto positivamente. Per onestà devo aggiungere che aver scampato l'operazione non è che mi dispiacesse, anzi in un certo senso mi ringalluzziva.

Avrei imparato molto presto che errore enorme di valutazione stavo commettendo. Operarmi non voleva dire guarigione sicura, ma sarebbe stato un grosso passo avanti. Avrei comunque tirato fuori dal mio corpo quell'Alieno feroce che mi sporcava la vita. Tenerlo dentro aveva un altro significato preciso, che avrei capito da lì a poco: voleva dire che quel tumore non avrei mai potuto vincerlo. Non c'erano prospettive di vittoria. Era una partita che si poteva perdere, o al massimo pareggiare. Non c'erano forza e coraggio bastanti a vincerla. Per carità, ed è quello in cui adesso spero fortissimamente, pareggiarla significava che il tumore se ne sarebbe stato a lungo, per anni, buono buono senza darmi fastidio. Accerchiato, paralizzato, impedito a nuocere dai farmaci e dalle terapie. Ci avrei potuto *convivere* (pensate che amaro controsenso usare questa parola per un tumore) e, come dicono i medici, cronicizzarlo. Il che significa, in termini ragionevoli di valutazione, cinque anni di vita.

7

Sembrano così tanti cinque anni di vita messi di fronte a un malato di cancro. Una montagna di giorni da scalare. È possibile fare molte cose in cinque anni, che poi si possono disfare e iniziare da capo.

A pensarci bene, invece, cinque anni sono niente. Un soffio appena, uno di quei venticelli primaverili che ancora non hanno voglia di darsi e di sprecarsi. Basta tornare indietro con la mente di cinque anni e ripensare alle cose accadute, a ciò che hai fatto e vissuto, e ti accorgi che quei 1825 giorni sono passati in un attimo.

Nel pozzo sono rotolati giù sessantasei anni, senza capire cosa sia realmente successo e chi te li abbia rubati, e tu stai lì a ragionare sulla miseria temporale di appena cinque anni?

Ma se cinque anni sono tutto quello che hai nel bagaglio della speranza, devi fare in modo di farteli bastare.

A questo, e al trascorrere buffo del tempo, pensavo tornando dall'aeroporto di Fiumicino dove avevo accompagnato Costanza che tornava a Palermo con gli occhi gonfi e il cuore grosso

A me il percorso Fiumicino-Roma ha sempre messo una gran malinconia L'arrivo all'aeroporto, che sia io a partire o qualcun altro, non è mai triste. Ma il ritorno, soprattutto se hai lasciato al Leonardo da Vinci un pezzo del tuo cuore, è sempre tormentato. Quel pomeriggio poi, in modo particolare. L'arrivo all'aeroporto è uno squillo di tromba, il ritorno diventa il soffio bronchiale di un trombone. O di un polmone malato.

Mia figlia Costanza è la migliore opera d'arte che abbia fatto nella vita. Se avessi potuto plasmarla col pongo o comporla con il Lego, non avrei realizzato niente di più perfetto. È stata un regalo di Dio e, diciamo la verità, quando Dio ci si mette, le cose gli riescono a puntino.

Non è solo una persona perbene e solare, con una faccia pulita e un sorriso luminoso. È anche intelligente, sensibile e bellissima. Esagero? Neanche un po'.

Quando è nata, lei lo racconta sempre molto orgogliosa, tutti la trovavano bruttina, anche sua madre Francesca, la mia compagna di allora, che l'adora: «No, francamente non si può proprio dire che Costanza da neonata fosse bella» dice quasi scusandosi. L'unico a «vederla» bellissima ero io, e passavo il tempo a guardarla incantato. È cominciata così e non ho mai cambiato idea.

Aggrava la situazione il fatto che è figlia unica, femmina e che naturalmente adora il padre. Il padre, cioè io, la vizia da sempre, e tante volte Barbara mi ha detto: «Guarda che finirai per rovinarla». Non l'ho rovinata, anzi, se possibile, l'ho migliorata (ma né Barbara né Francesca saranno d'accordo su questa mia presuntuosa osservazione). Le voglio un bene dell'anima. E anche se l'ho già detto, è bello sentirmelo ripetere: Barbara e lei sono le due colonne portanti della mia vita. Non importa quanto durerà questa vita, loro saranno sempre con me.

Di quel tragitto che finisce sull'autostrada ricordo che c'era ancora il sole e non era il sole languido del tramonto.

"Mio Dio quanto è lungo questo pomeriggio di malinconia" ho pensato a un certo punto con un nodo in gola. E mi è venuto in mente il tramonto liquido della nostra campagna a Cozzo Capraro, con il sole che sparisce lentissimamente nel mare in un trionfo di gialli, di rossi e di arancioni, mentre i colombacci con il caratteristico volo a zig zag tornano nelle loro case arboree.

Ho pensato alla mia vita che stava per finire, e che quella brevità concessami (i soliti cinque anni che mi ero autoregalato e che oggi mi appaiono un tempo lunghissimo) non mi avrebbe permesso di vedere quasi nulla delle molte cose che invece pensavo mi spettasse di diritto vedere e vivere. Come sono sciocchi e orgogliosi e pieni di sé gli uomini molte volte!

Pensano che tutto sia loro dovuto e non si rendono conto che ogni cosa, anche la più piccola e apparentemente insignificante, è un meraviglioso regalo dell'esistenza. Gettano via i giorni e i mesi e gli anni e la vita intera a occuparsi di roba inutile e non si accorgono che la vera felicità è accanto a noi ogni giorno, trasparente di una luce abbagliante che solo noi stupidi ciechi non vogliamo vedere.

Se ripenso a tutto il tempo passato nelle redazioni a parlare di niente e a scrivere sul nulla, a tutte quelle stagioni marginali del mio destino, mi viene in mente un pensiero agghiacciante: è giusto che alla fine io sia stato punito e sia caduto in questa trappola mortale del cancro.

Forse anche per questo, dopo aver lasciato Costanza all'aeroporto, avevo concluso che nel soffio dei sessanta mesi di vita che avevo deciso mi fossero rimasti, non c'era tempo per nulla. E m'è venuta da dentro la solita domanda: ma perché proprio a me? Come se saperlo potesse servire a risolvere qualcosa. Evidentemente c'è una consolazione tiepida nel sentirsi più sfigato degli altri. Perché proprio a me? C'è domanda più sincera, più inutile, più crudele?

Oggi so benissimo perché, ma affinché sia per voi lucido e lampante come lo è per me, occorre aspettare l'ingresso nella mia vita di un gigantesco albero di baobab, e le ultime pagine di questo libro.

Così, a forza di danzare con i pensieri intorno alla morte, sono entrato dritto dritto nella nevrosi di un labirinto fatto di mura d'angoscia e di antiche paure. Il cuore mi batteva forte (ma questo, si sarebbe scoperto presto, non c'entrava nulla con i pensieri in libertà di quella giornata) e il respiro era affannoso. Ho cominciato a sudare dalle parti della deviazione per la Salaria e non ho smesso finché non sono arrivato sotto casa.

Niente di drammatico. O di inaspettato. Prima o poi doveva succedere che mi perdessi in quel labirinto che tutti i malati di cancro (e non solo) conoscono bene. A me è capitato quel pomeriggio.

Ho cominciato a snocciolare le mie disgrazie future, quelle che sarebbero accadute quando non ci sarei stato più, incapace di cogliere la contraddizione tra questi due eventi. Non avrei visto crescere i figli di Costanza, non l'avrei vista maturare vicino a quella gran brava persona di suo marito Giuseppe, non avrei potuto proteggere Barbara (ma che ti stai raccontando cretino?, se è lei che ha sempre protetto te), e non avrei potuto vivere altre serate di calore con gli amici complici di molte mie esistenze.

Ho toccato il fondo quando ho pensato ai miei due cani: Pippo, che già conoscete, e Tuna, che sarebbe arrivata dopo ma era come se fosse presente allora, perché già esisteva nel mio cuore. Chi li avrebbe accompagnati al parco, carezzati o coccolati? E le due bestiole chi avrebbero sbavato slippando felici come sono abituate a fare con la mia faccia? Un altro avrebbe goduto del loro affetto, della loro fedeltà, del loro amore? Sacrilegio! E maledetto cancro.

Ho sempre adorato gli antichi egizi per la loro cura di portarsi appresso, ancora vivi (ma questo è solo un dettaglio marginale), i loro cari, i loro averi, i servitori e soprattutto i loro animali.

Mi sono convinto senza possibilità di errore che tutti sapessero del mio cancro e della mia fine ormai prossima perché gli automobilisti che mi superavano (in pratica tutti, avendo io una Smart) mi guardavano con occhiate oblique e rapide, e mi sembrava che gli uomini si grattassero lì in basso, come molti beceri fanno quando passa un'auto che trasporta una bara. Una tastatina e via, non si sa mai. Sto morendo, pensavo, e questi incoscienti stanno lì a grattarsi le palle.

Come vedete, una vera e propria crisi. Vogliamo chiamarla esistenziale? No, sarebbe una presa in giro molto grossolana dei miei sentimenti di quel pomeriggio di fine maggio.

Se vogliamo essere un poco più seri, la chiamerei una vera e propria crisi d'identità perché a un certo punto, se ti avvicini troppo alla fine, scopri (anche se già lo sapevi prima, anzi lo sai da sempre) che la morte non ti toglie solo la vita ma cancella la tua stessa identità. Ti tronca il futuro e disintegra la memoria, annienta i ricordi e tritura il passato. Insomma, compie un'operazione chirurgica perfetta, vista da fuori: ma quando tocca a te, ti dà parecchio fastidio.

8

E così, sono arrivato al momento della Pet, cioè alla tomografia a emissione di positroni: in pratica un altro esame per vedere meglio e capire che regalo ha voluto farmi Madre Natura in mezzo al petto.

Faccio la Pet venerdì 22 maggio, quattro giorni dopo la scoperta del tumore. La eseguo all'Ars Medica, una clinica dalle parti di Vigna Stelluti, che imparerò a conoscere bene.

Mi accompagna Laura Veneziano, un'amica di Barbara e mia che ha una risata contagiosa e ti mette allegria solo a guardarla, perché è una persona positiva e sempre briosa, anche se nella vita ne ha dovute superare parecchie. E qualcuna davvero pesante.

Laura mi accompagna perché mi vuole bene e per non farmi guidare, anche se non c'è niente di drammatico o invasivo, come ci hanno detto i medici, in questo esame.

Stai in una stanza isolata dove ti fanno sdraiare su una poltrona e ti coprono con una coperta perché fa un freddo cane (aria condizionata al massimo sia d'estate che d'inverno affinché gli apparecchi non si riscaldino) e ti iniettano in vena un tracciante radioattivo contenente zucchero. Poi ti fanno bere un liquido biancastro, neanche tanto male, e ti lasciano lì, sdraiato a riflettere ai casi tuoi per circa quarantacinque minuti. Non puoi leggere un giornale o un libro perché tutto funziona meglio se te ne stai calmo e fermo.

L'esame in se stesso dura circa mezz'ora ed è fastidioso solo perché devi tenere le braccia dietro la testa per tutto il tempo. E naturalmente stare immobile mentre la macchina rulla avanti e indietro sopra il tuo corpo Solite luci gelide al neon da ospedale e soliti pensieri in libertà mentre aspetti che passi il tempo e l'esame finisca.

La voce dall'alto (è già quella dell'arcangelo Gabriele?) ti avverte: «Inspiri e poi trattenga il respiro...». Passano pochi secondi... «Ora può espirare.» Così, tra un non respirare e un respirare di nuovo, trascorre anche questo tempo malato e comincio a rivestirmi con le braccia indolenzite.

Qualche ora dopo, il risultato. Le lastre sono a colori, niente bianco e nero come la Tac: una bellezza, un gioco di verdi e blu e rossi e arancioni che sono un piacere per gli occhi. Mettono curiosità. Sono la tavolozza medica del mio destino.

Il tracciante radioattivo che mi hanno iniettato in vena un'ora e mezzo prima permette di individuare l'attività delle cellule tumorali. In sintesi mentre la Tac consente di vedere la morfologia, e dunque la grandezza della lesione tumorale, con immagini in bianco e nero, la Pet ne mostra l'attività.

Lo zucchero che hanno utilizzato serve da esca per le cellule tumorali. Non ci crederete, ma in pratica funziona in questo modo: le cellule cancerogene sono ghiotte di zucchero, quindi appena se lo vedono scivolare davanti si agitano e cercano di acchiapparlo. Così facendo si muovono e segnalano la loro presenza. E la Pet le fotografa. Avete in mente la vecchia storia della trappola del formaggio col topo? Bene, detto in maniera approssimativa e giornalistica, la Pet è questa. Ma i suoi risultati sono molto utili per capire meglio come stanno realmente le cose.

Guardando le foto a colori del mio tumore, le cose stanno messe più o meno così: la lesione adesso è in bella evidenza davanti a me, anche un ignorante di scienza radiologica la vedrebbe bene. Ha un colore giallo forte, come di una piccola esplosione di luce, una supernova come quelle che si vedono nei libri sul cielo e i misteri dell'universo. Io li leggo sempre, ma ci capisco meno di quello che vorrei: misteri sono e misteri restano, almeno per me. Ai bordi, il giallo squillante si trasforma in arancione, e poi tutto si perde in un verde opaco e finalmente nel nero che circonda il resto. Il mistero del corpo, la macchina più perfetta che esista, almeno tra quelle che noi umani conosciamo.

Ci sono anche cerchietti viola tutt'intorno, ma di un viola cromaticamente bellissimo. Sono i linfonodi. Eccoli qui gli scagnozzi del mostro, i suoi sicari più fidati. Guardo queste dodici foto, e all'improvviso mi appare con chiarezza che la lesione ha la forma di una caverna. Lo dico a mia moglie che mi guarda e scuote la testa sorridendo come se avesse perso ogni speranza di saggezza in me.

Ma io la caverna la vedo bene. È qui, davanti a me, come si fa a non accorgersene? Che razza di gente sono questi radiologi privi di fantasia? Non sarà come quella di Alì Babà o degli elfi di Galadriel, ma questa è una caverna. Un luogo oscuro e immondo dal quale escono i pipistrelli-linfonodi che girano intorno e divorano tutto ciò che incontrano. La fame antica e insaziabile di ogni tumore che si rispetti e che divora senza tregua né pietà ogni cosa sino alla fine.

Una lesione, una caverna, una crepa, una fessura. Mi viene in mente quel verso bellissimo di J.L. Borges: «Dalle crepe ci sorveglia Dio». Ma dov'è Dio in questa crepa che si è creata a tradimento dentro il mio corpo? C'è il suo volere forse, ma lui dov'è? Questo non è il Getsemani, non ci sono ulivi e cieli stellati, qui c'è solo lordura e immondizia che si muovono nell'oscurità molle del corpo per uccidere. Cose senza pietà determinate solo al male. Che c'entra Dio con tutto questo? Se davvero mi sta sorvegliando da quella crepa, anche lui deve essere schifato da quello che vede.

La caverna poggia praticamente sulla trachea, più in alto si vede la fine del polmone e il collo, o almeno è quello che immagino io.

Ma la caverna c'è, questo è certo, e da quel buco, da quella lesione, quattro o cinque anni fa è iniziato tutto. In silenzio, senza strepiti né clamori. Non ci sono stati avvertimenti o squilli di tromba per avvisarmi che la battaglia tra la vita e la morte stava cominciando. Il male ha fatto il suo ingresso gelido nel mio corpo agendo nelle retrovie come le spie e i vigliacchi. Il tumore ha iniziato il suo losco lavoro senza mandare alcun segnale. E ora il nemico sta lì, tra i verdi e i gialli, fortificato dal tempo e dall'esperienza, e circondato dai suoi linfonodi-pipistrelli che vanno in giro a razziare e distruggere.

L'ultima riga del referto è esemplare nella sua asettica chiarezza: «Esame Pet-Tc positivo per patologia neoplastica polmonare con ripetizioni linfonodali».

Ormai questi termini medici, distanti anni luce dalla mia vita di prima, li capisco anch'io.

L'unica notizia consolatoria è che non ci sono altri linfonodi sparsi per il corpo. Non ci sono metastasi in altri organi. I sicari stanno tutti lì, piazzati sul polmone destro. Per ora, almeno.

E i medici aggiungono un altro particolare consolatorio. «Questo è un tumore indolente» dicono. Che può voler dire due cose. La prima, in termini strettamente clinici, che non provoca dolore. La seconda, che mi sembra scaramanticamente più appropriata, che è un tumore scansafatiche, che non ha voglia di lavorare, che procede molto lentamente. È, insomma, un tumore meridionale.

9

La notte tra venerdì e sabato è una notte placida e bellissima. Posso definirla una notte leopardiana senza luna? Sì, credo di poterlo fare, perché è effettivamente così.

Barbara dorme, Pippo si è alzato quando mi ha visto scendere dal letto e dirigermi verso la terrazza. Poi si è tranquillizzato e si è messo a dormire nel salotto, da dove può controllare l'esterno. Sta lì, di sentinella, pronto a intervenire in caso di bisogno.

Ma non ho bisogno del suo aiuto questa notte. I nemici da combattere non sono degli estranei, lui non li sente e non può abbaiare per avvertirmi che stanno arrivando. Per tranquillizzarmi basta il suo bofonchiare e lamentarsi a tratti nel sonno.

Ho bisogno di riflettere. Di interrogarmi. Di fare il punto con me stesso. Non voglio capire, solo pensare. Voglio che i pensieri si stacchino da me e volino in alto come palloncini. Voglio vederli salire nel cielo sereno. E isolarli uno dall'altro. In modo che possano dirmi qualcosa. Ho bisogno di parlare con loro.

La prima cosa che riesco a isolare tra i miei molti pensieri confusi è la sensazione di non avere paura. Non l'ho avuta il primo momento, non l'ho avuta nei giorni successivi, se non in certi momenti, e non ce l'ho adesso che conosco il mostro da affrontare. O che penso di conoscerlo.

Imparerò fin troppo presto che su di lui, ogni giorno, volenti o nolenti, si apprende qualcosa. E quasi mai quello che si impara piace. È un Alieno spiazzante e rapace. Colpisce a sorpresa e con durezza.

Lo voglio dire in tutta onestà: non mi faccio un vanto di non avere paura, perché non so da dove arrivi e quale sia il motivo di tanta sicurezza. È come il dono della fede, se ce l'hai sei più forte e preparato agli eventi e ai cambiamenti. Più o meno è la stessa cosa. O almeno così credo.

Ho fede nella mia forza, nella mia capacità di lottare e di resistere. Di cadere e di rialzarmi. Certe volte mi sembra di non aver fatto altro nella vita. Ho fede nel fatto che voglio battermi con onore e non voglio morire senza dignità. Ho fede che alla fine di tutto, comunque vada, ciò che resterà di me sarà soprattutto il modo con il quale avrò combattuto l'ultima battaglia.

Quanto c'è stato prima, i successi, le sconfitte, la piccola gloria ottenuta con il lavoro, il finto potere che ti ha illuso e ti ha spinto spesso all'orgoglio e all'errore, le buone azioni che hai compiuto e i colpi bassi che la vita ti ha costretto a infliggere e a subire, i compromessi e la salvaguardia della tua dignità, insomma tutto il bene e il male che hanno preceduto quest'ultima battaglia, è come se non ci fossero mai stati. Quelli di prima, che oggi mi appaiono come i giorni del vivere lento e facile, adesso sono scomparsi, evaporati. Sono stati inghiottiti dalla nebbia e da quella caverna cresciuta dentro il mio petto.

La vera, grande, definitiva battaglia è ora, qui. È la battaglia finale, nella quale mi gioco tutto.

Guardo la grande pianta di datura bianca che splende di luce propria nella notte serena, e ragiono sul terribile aforisma di Gómez Dávila: «È il rango del tuo avversario ad assegnarti il posto: vincere o perdere è secondario». Ma in questo caso perdere significa perdere proprio tutto, compresa la vita stessa. Che c'è di secondario nel perdere la vita? Lo scoprirò sotto il grande albero di baobab, ma ci vorrà ancora tempo.

Per questo, nella notte senza luna e con poche stelle, non mi vanto di non avere paura: perché non so quanto sia vero e reale questo sentimento che pure avverto potente dentro di me. Ho timore di tanta sicurezza, perché non mi sembra possibile che io non avverta il gelo nelle ossa, non tremi e non mi senta morire per quello che mi è accaduto all'improvviso, per lo stravolgimento delle mattine e dei pomeriggi e di ciò che era l'essenza della mia vita fino a qualche giorno fa.

È come se avessi deciso di giocare un solo ruolo: quello dell'eroe che si alza e combatte in nome delle forze del bene contro le schiere del male. L'eroe vincibile e forse destinato alla sconfitta, ma puro, senza macchia e senza tentennamenti.

Personalmente non mi hanno mai convinto quelli senza paure né dubbi. Quelli silenziosi e duri e forti che parlano poco e non sbagliano mai. Mi piacciono gli eroi, naturalmente, e mi piacciono molto. Ma quelli che commettono errori e qualche nefandezza, che si ubriacano e uccidono e fornicano con le donne sbagliate. Quelli che fanno un sacco di casini e hanno una gran fifa quando sono chiamati a compiere le azioni che poi li renderanno mitici.

Per questo mi piace Gesù, perché nell'ora di maggiore paura e solitudine, in attesa delle frustate e dei chiodi, della sofferenza e della morte, dice: «Padre, se puoi, allontana da me questo calice». Mai è stato più uomo e più eroe che in quel momento della sua vita terrena.

In questa notte di fine maggio immobile, senza luna e qualche stella che perfino il cielo di Roma permette di scorgere, io mi sento forte e invincibile. Penso che il cancro può essere affrontato e vinto. Ragiono, e mi dico che se uno è stato una persona buona e perbene tutta la vita, come tutti, o quasi, potrebbero sentirsi davanti all'ora finale, gli devono essere offerti gli strumenti e la forza per combattere e vincere anche la malattia più crudele. Immagino che nell'equilibrio dell'universo la mia morte, almeno nell'immediato, non sia un evento ineluttabile e necessario. Comunque è una cosa rinviabile, mi dico. E quindi, in un modo o nell'altro, me la posso cavare. Se non mollo. Se combatto. Se non mi lascio trascinare nel gorgo della paura.

E così me ne sto, confortato e determinato, in questa notte di fine maggio, con Pippo a pochi metri di distanza e Barbara che, per fortuna, dorme nel nostro letto e non sogna, almeno lo spero, strumenti di tortura e visi di persone che non ci sono più, tornati a incantarla o a tormentarla.

In quei giorni arruffati, immersi in pensieri così frastornati, con il cuore gelato, non avevo in mente di scrivere un libro su questa stagione della mia vita. A dire la verità non ci pensavo proprio. Avevo un lungo e doloroso cammino intimo e privato davanti, non vedevo niente di pubblico all'orizzonte.

Sapevo, adesso che le cose erano più chiare e le radiografie a colori della Pet mi avevano mostrato la caverna e i pipistrelli, il mostro e i suoi assassini, che non avrei mai potuto scrivere un incipit clamoroso e consolatorio come quello di Melania Rizzoli nel suo bel libro *Perché proprio a me? Come ho vinto la mia battaglia per la vita*. Vedete? Anche in questo caso la parola *cancro* non compare in copertina, a evitare grattatine e fuga di possibili acquirenti.

Sentite che incipit: «Mi chiamo Melania, sono un medico e sono guarita dal cancro. Ho avuto un tumore inoperabile, invasivo, aggressivo e recidivante. L'ho affrontato. L'ho curato. L'ho guarito».

Bellissimo e rassicurante. Forte, sicuro, deciso. L'arrivo di una disgrazia, la lunga e logorante battaglia, una vittoria finale definitiva.

Sono contento che a Melania sia andata così, e lo sono per davvero.

Melania è stata una delle persone che più mi hanno aiutato in tutti questi mesi. Parlando a lungo con mia moglie che conosce dai tempi dell'università, mandandomi mail e messaggini. Consigliandomi, incoraggiandomi, lasciandomi intatta la speranza anche nei momenti peggiori. Mi ha teso la mano quando rischiavo di scivolare. Lei e suo marito Angelo sono stati due formidabili campioni di tenerezza e di amicizia.

Intanto erano terminati i giorni della diagnostica e stavano per cominciare quelli della terapia. La settimana seguente avrei iniziato le cure. Solo farmacologiche, visto che il bisturi mi era stato precluso. Le chiacchiere e i pensieri tornavano a zero. La battaglia vera stava per cominciare.

10

Ma la chemio non è un pranzo di gala. No, non lo è affatto. Tutti conoscono la prima frase del celebre pensiero di Mao: «La rivoluzione non è un pranzo di gala», ma pochi ricordano il resto: «Non è un'opera letteraria, non un disegno o un ricamo; non la si può fare con altrettanta eleganza, tranquillità e delicatezza, dolcezza, gentilezza, cortesia, riguardo e magnanimità». No, nessuna di queste parole è il vestitino buono che possiamo mettere addosso alla chemioterapia.

La chemio, come spiegano i medici che hanno voglia di farlo con i propri pazienti, consiste nella somministrazione di particolari farmaci, detti citossici, che distruggono le cellule tumorali (anche in caso di leucemie e linfomi). Il trattamento può prevedere l'utilizzo di un solo farmaco oppure di più farmaci scelti tra una gamma di una cinquantina di prodotti che sono usati nella maggior parte dei Paesi del mondo. Secondo i cosiddetti «protocolli internazionali».

Scegliere uno o più prodotti dipende dall'intuizione del vostro oncologo e dalla situazione del cancro che vi è piombato addosso. Ma anche dallo stato di salute, dall'età e dal sesso. I farmaci scelti vengono iniettati nel sangue per via endovenosa e raggiungono le cellule tumorali inibendole e uccidendole. Il problema è che insieme alle cellule tumorali malate raggiungono anche quelle sane, creando tutta una serie di problemi, alcuni dei quali pesanti e gravi.

Questo per sapere, molto in generale, di che stiamo parlando.

Ma sulla chemio e sul suo impiego i pareri sono molto diversi. C'è chi la considera più pericolosa del cancro e la sconsiglia fortemente.

Stefano Lorenzetto, uno dei più preparati giornalisti italiani, e a mio parere il «numero uno» nelle interviste, ha scritto il libro *Si ringrazia per le amorevoli cure prestate*, dove ha intervistato ventitré medici esperti in rami particolari della loro professione. Un libro interessante che apre scenari inconsueti. Tra i professionisti c'è Alberto R. Mondini, detto l'eretico della medicina. Mondini ha sessantuno anni, è un naturopata veneziano, ed è diventato «eretico» quando ha fondato l'Arpc (Associazione per la ricerca e la prevenzione del cancro), e soprattutto ha pubblicato il libro *Kankropoli, la mafia del cancro*. Non è uno che pesa le parole, anzi le mette giù dure come macigni. Non ama il fioretto, preferisce lo spadone d'arrembaggio. Dice a Lorenzetto: «Dieci milioni di morti per tumore all'anno nel mondo dimostrano il totale fallimento dell'oncologia... La chemioterapia non guarisce, anzi è un genocidio. Idem la radioterapia...». Ma il meglio del Mondini-pensiero deve ancora venire. «È solo una questione di marketing. Per l'industria farmaceutica si tratta solo di vendere di più. Il fatto è che la chemioterapia non funziona. Quando le statistiche fatte dagli stessi oncologi proclamano che 50 malati di cancro su 100 guariscono, significa che 50 muoiono entro 5 anni dalla scoperta del male e gli altri poco dopo. Se un malato muore dopo 5 anni e un giorno, per loro è un morto guarito... In oncologia non esistono statistiche di guarigione, solo di sopravvivenza a 5 anni. Una volta fornivano anche quelle a 10 e a 15 anni. Ora non le presentano più, adesso si vergognano.»

Come vedete un buon viatico per un disgraziato che si presenta alla sua prima seduta di chemioterapia! Ma per fortuna, l'intervista a Mondini l'ho letta dopo più di un mese che avevo iniziato la chemio. E avevo altri problemi da risolvere, altro che le statistiche.

Intanto un primo problema l'avevo superato: parlare della malattia a mia madre e a mia sorella Angelita. Le ho convocate un pomeriggio a casa di mia madre, che ha ottantasei anni, una testa che le funziona a meraviglia e un corpo che non le risponde più e si va sgretolando mese dopo mese. Gliel'ho detto come meglio ho potuto. Anche mettendola sul ridere. Non è che abbiano riso molto. Erano entrambe annichilite. Angelita mi guardava come l'ultimo esemplare di maschio rimasto sulla Terra con il quale poter scambiare i suoi ricordi più antichi. Ero il suo passato più remoto.

Nessuna delle due aveva mai pensato che potesse accadermi una cosa simile.

Mercoledì 27 maggio, nove giorni dopo la scoperta del tumore, inizio il primo ciclo di chemioterapia. Vado a Villa Margherita dove Enrico Cortesi e la sua équipe mi prendono in cura.

Prima di continuare devo ringraziarli tutti, a partire da Cortesi e Claudia Trinca, una dei suoi sostituti e vero angelo custode di questi miei lunghi mesi. Claudia è un medico come ce ne vorrebbero tanti: disponibile, sorridente, molto efficiente. Non è mai sgarbata e non si risparmia per nulla. Se le chiedi qualcosa o se hai un dubbio, lei risponde. La puoi anche chiamare sul telefonino il sabato e la domenica. Se non c'è, ti richiama. Ti spiega le cose senza fretta, e solo chi ha vissuto la condizione di malato sa quanto questo sia importante. Se hai bisogno di una parola di conforto, lei lo capisce e non si tira indietro. È sempre molto professionale, ma dà la sensazione di essere una persona umana prima che un medico. E insieme a lei c'è anche il giovane Davide Conte, gentile, corretto, attento ai minimi particolari.

E sono brave le infermiere, a partire dalla dolce Loredana, Silvana, Antonella e il bravissimo Mauro. I nomi non li ricordo tutti: alcune sono rumene, bulgare. Nessuna mi ha mai deluso, nessuna è mai stata poco disponibile nei miei confronti.

Imparo che la barra sulla quale si mette la flebo si chiama «albero», o in gergo più colloquiale «asta». Imparo che la flebo, oltre che nelle vene del braccio si può applicare anche in altri posti e modi. A me metteranno sul petto, in alto a destra, il *port-a-cath*, un piccolo catetere fisso che è un tubicino lungo e sottile che s'impianta nel torace completamente sotto cute: è introdotto attraverso una vena e guidato fino a un'apertura, detta *porta*, all'altezza della clavicola destra. A livello della porta c'è un piccolissimo serbatoio, non più grande di un bottone, che è punto dall'esterno per somministrare i farmaci o prelevare campioni di sangue. La *porta* appare come una escrescenza sottocutanea, che si sente al tatto, ma è poco visibile dall'esterno.

Si fa per dire che è «poco visibile» dall'esterno, perché visibile lo è, eccome. È un segnale che sei entrato nel mondo dei malati di cancro. Cristina Piga, una donna speciale, che ha scritto un libro speciale (*Ho il cancro e non ho l'abito adatto*, titolo molto spiritoso che ha venduto bene anche se compare la parola «cancro»), racconta lei stessa agli amici che una sera d'estate, a una cena su una terrazza romana, aveva la preoccupazione che il suo abito, leggermente scollato, lasciasse vedere il *port-a-cath*, e continuamente spostava e aggiustava le spalline del vestito.

A toglierla dall'imbarazzo è stato il suo vicino di sedia, quel gran signore intelligente e simpatico che è Angelo Rovati. Ha capito il motivo di tutti quei traffici, ha slacciato un bottone in più della sua camicia e, chinandosi verso di lei, ha sussurrato: «Guarda». Cristina ha visto il *port-a-cath* di Angelo, un bottoncino uguale al suo sulla pelle vicino all'omero destro. L'ha visto, ha capito, ha sorriso e si è tranquillizzata. Lei e Angelo si sono riconosciuti membri della stessa tribù.

La verità è che si fa presto a dire «cancro», o a dirsi: «Io ho un cancro». Viverlo quotidianamente è un'altra cosa. Una cosa speciale nella sua ossessività.

Pensate a una doccia. Cosa c'è di più semplice, normale, abitudinario e quotidiano di una doccia?

Uno si sveglia la mattina, va in bagno, fa una doccia. Si insapona, si fa lo shampoo, poi si mette sotto il getto d'acqua e lascia che il sapone e i brutti pensieri vadano via, scorrano insieme all'acqua che ti lava, e certi giorni è come se ti purificasse.

E che cos'è un *port-a-cath* ? Un semplice bottoncino, una cosa da niente a pensarci. Eppure quando ne hai uno inserito sotto la pelle, la doccia non è più una doccia. Anche lei è cambiata. Dopo tanti anni, tanti decenni di abitudini condivise felicemente, tra te e la tua doccia si crea una frattura. I primi giorni non sai fino a che punto puoi insaponare il bottoncino sottocutaneo, se lo puoi pressare oppure passarci sopra con la mano. Dopo un po' ci fai l'abitudine e capisci. Ma anche quando hai capito, quella protuberanza è sempre lì, non si sgonfia, non scompare.

Fa ormai parte del tuo corpo e ti ricorda aghi («Adesso faccia un bel sospiro» dice Loredana quando mi infila l'ago in vena per non farmi male), aste, flebo, veleni, strappi, piccole sensazioni di dolore.

Ti ricorda che la tua libertà di uomo è finita, o comunque non è più la stessa.

Tu non disponi più del tuo corpo.

Quella cosa intima, cara, preziosa, indistinguibile da te, cioè il tuo corpo, non è più *solo* tuo. E non è una scelta d'amore e d'innamoramento, non è donare il proprio corpo a un altro essere umano con tutto te stesso. È molto diverso. Significa che padroni del tuo corpo sono diventati altri. Gentili, disponibili, attenti quanto vuoi, se sei fortunato. Ma *altri*.

Loro parlano e tu ascolti. Loro chiedono e tu obbedisci. Loro ti auscultano, ti tastano, ti girano, ti rigirano, ti dicono «tossisci» e tu tossisci, aggiungono «respira a bocca aperta» e tu respiri a bocca aperta, come quei pesci appena pescati che ti mostrano boccheggiando la loro disperata agonia sulla tolda della barca.

Altro che Arlecchino servitore di due padroni. In questo gioco a vivere o a morire i padroni sono molti, e tu obbedisci a tutti.

Sei diventato uno 048.

Il numero con il quale il Servizio sanitario nazionale contraddistingue i malati di cancro.

Però abbiamo molti vantaggi noi 048: tutte le medicine salvavita gratis, pensione di invalidità, permesso per guidare nelle corsie degli autobus, parcheggiare nelle isole pedonali, traversare i centri storici e le zone a traffico limitato. Quasi quasi c'è da farci sopra un pensierino, non vi pare?

E qui mi devo fermare, e fare un piccolo passo indietro. Perché nel frattempo è accaduta, assolutamente per caso, una piccola cosa che diventerà molto importante in questa storia. È arrivato un nuovo personaggio. Si chiama Gino. Io l'ho chiamato Gino e non sono più riuscito a togliermelo di dosso. Adesso ci vogliamo molto bene noi due, un bene speciale.

Ma andiamo con ordine.

11

E all'improvviso arriva Gino. Irrompe senza ritegno né rispetto in questa storia: come il riccio a cui offri temporanea ospitalità e subito si allarga e si ricava uno spazio sempre più grande. Sgombra l'ospite per diventare lui il protagonista e il padrone di casa. Io lo guardo, ammutolisco, mi arrabbio, lo giudico un individuo senza ritegno, ma a poco a poco comincio a volergli bene. Perché il suo spazio dimostra di meritarlo.

Ed è così che avviene la trasformazione. Il cambio è plateale per tutti: all'esterno io divento Gino, e lui diventa me. Io mi annullo e lui giganteggia. Ma mi protegge, para i colpi, fa la figura dell'eroe e soffre al mio posto. O almeno così pensano gli altri.

Un legame sempre più particolare, ormai indissolubile. Però, e questo gli va riconosciuto, non è mai stato un legame *malato*. Gino, che ha preso il mio posto nell'immaginario collettivo, è l'individuo più sano di tutta questa storia.

Eppure, se torno indietro, a quei giorni di fine maggio, per quanto ci abbia pensato e riflettuto sopra, ancora non so spiegare com'è nato Gino. Da quale idea, da quale scintilla del cervello, da quale crepa dell'anima, da quale fessura del cuore.

So che i tempi sono stati molto stretti. Da più di due anni tengo una rubrica per il settimanale del «Corriere della Sera», che allora si chiamava «Magazine» e oggi è diventato «Sette». Esce il giovedì in allegato al grande giornale. E lì, nelle prime pagine, c'è la mia rubrica *Moleskine*, che prende il nome dal mitico taccuino nero per appunti di epici personaggi come Ernest Hemingway e Bruce Chatwin.

La prima puntata su Gino appare il 28 maggio 2009, vale a dire nove giorni dopo la scoperta del tumore. Ma poiché, per motivi di stampa, devo consegnarla con sette giorni di anticipo, significa che la penso e la scrivo entro la giornata del 20. Cioè nelle ventiquattro ore tra la scoperta del tumore e la biopsia polmonare. Praticamente subito. Mi hanno detto: lei ha un brutto cancro che può farla fuori in due anni, e io scrivo la rubrica quasi in contemporanea. Giornalismo in diretta e va bene, ma terribile, se ci pensate. Atroce, se ci rifletto.

Ed è proprio per questa simultaneità d'avvenimenti che i conti non tornano e mi rifugio nell'imponderabile. Come sempre, quando qualcosa che non controllo mi fa paura.

La verità è che io non so quando esattamente ho scritto questo pezzo che il direttore Giuseppe Di Piazza, con felice intuizione, ha chiamato *Le cose vere della vita*.

Mercoledì 20 maggio, in un momento imprecisato della giornata, con la testa infilata fino al collo nel mio nuovo status di malato grave di cancro, a un certo punto mi sono messo al computer e ho scritto la storia del mio amico Gino al quale era caduta questa tegola pesantissima sulla testa. L'ho scritta di getto, senza riflettere, senza stare lì a pensarci troppo. Non ho avuto materialmente il tempo di riflettere. Dovevo sfogarmi e ci sono riuscito. Dovevo raccontarlo e l'ho raccontato a mezzo milione di ipotetici lettori. Dovevo tirar fuori questa spina urticante che avevo dentro e l'ho fatto senza pudore né ritegno.

Detto questo, quella di Gino è stata una felice intuizione giornalistica di cui vado fiero. Ne ho avute altre, assai più futili, durante i lunghi anni delle mie direzioni.

Sono invenzioni, avvenimenti apparentemente scollegati che trovano il loro punto d'incontro e di successo se si è abbastanza bravi e fortunati da intercettare altri avvenimenti di cui si parla o che interessano i lettori.

Sul tema del cancro doveva essere chiaro anche a un rimbambito come me che avrei toccato una corda che coinvolgeva milioni di persone. Ma non avevo idea fino a che punto.

«L'altro giorno un mio caro amico è andato dal medico per fare un controllo di routine. È un tipo sano, atletico, che fa sport, che non fuma, cammina almeno un'ora al giorno, due volte alla settimana si fa le sue diciotto buche di golf, e per tre giorni alla settimana nuota come un pesce: 80 vasche nella piscina olimpica a stile libero senza interruzioni...» così scrivevo. E continuavo: «Il medico gli ha fatto la lastra al torace e tutto, all'improvviso, è cambiato: "C'è un addensamento nel polmone destro" ha detto il radiologo...

«La sera dopo sono andato a cena con lui: mi aveva chiesto di non portare le mogli perché voleva stare solo con me. A un certo punto si è messo a piangere, poi si è ripreso. Non riusciva a darsi pace di essere precipitato in un tunnel dell'orrore senza alcuna colpa, solo perché la pallina della roulette del destino era andata a incasellarsi in quel numero maledetto. "Tutto è saltato in aria: sogni, progetti, lavoro, futuro. Galleggio da due giorni in questa melma appiccicosa che mi è cresciuta attorno in una manciata di secondi, il tempo che il medico guardasse la lastra e pronunciasse quelle due parole: addensamento polmonare. Due parole apparentemente senza senso che mi hanno cambiato la vita per sempre"». Questo, in parte, il testo dell'articolo.

Giovedì 28 maggio il «Magazine» è in edicola, come sempre, tra le sei e le sette del mattino. E non mi immagino proprio che facendo la prima colazione i lettori saltino il «Corriere» e vadano a leggersi con voracità le rubriche del supplemento.

Accendo il computer intorno alle 9,30 e, dopo una rapida occhiata alle notizie, mi soffermo sulle prime pagine dei giornali, su qualche commento, su alcune curiosità. Poi leggo la mia posta personale.

Alle dieci ci sono già una ventina di mail di commento alla mia rubrica. Che diventano un centinaio alle 13 e più di quattrocento a fine giornata. Uno sbalorditivo tsunami.

Lo ripeto ancora adesso: non riuscivo a capacitarmi. C'erano mail di ogni tipo, ma cantavano tutte la medesima canzone: dica al suo amico che il cancro si può vincere, basta solo non mollare. C'erano ricordi personali e racconti tristi su persone care che non ce l'avevano fatta dopo aver lottato umilianti battaglie. C'erano padri e mariti e coniugi e figli e bambini piccoli che erano morti di tumore e di leucemia ma avevano lottato fino all'ultimo con indomabile tenacia. E c'erano decine e decine di storie finite bene, con vecchi nonni ultraottantenni che ancora si godevano la vita, genitori che erano usciti dal tunnel e conducevano da anni un'esistenza serena e a tratti felice.

C'era soprattutto, ed è stato questo a sconvolgermi, un'Italia sconosciuta che rifiutava i luoghi comuni della politica e i suoi stitici ghirigori di chiacchiere. Che chiedeva di parlare e confrontarsi sui problemi reali.

Dopo tante stagioni di giornalismo e di direzioni, con la sicurezza e la prosopopea che inevitabilmente cattura tutti coloro che per anni detengono il potere (o quello che loro stessi presumono tale), con la stupida arroganza di chi si sente più ganzo degli altri, non avevo capito nulla. O quasi. E se ancora qualche dubbio mi restava, i giorni seguenti me li avrebbero tolti tutti.

Di quell'alluvione di mail continuata per giorni e giorni, ne avevo parlato con Giuseppe Di Piazza, di cui stimo la palermitana intelligenza, diversa da tutte le altre, e a cui voglio bene da così tanti anni che ormai mi sembra di essere suo coetaneo nonostante sia molto più giovane di me.

Non sapevo che fare, come gestire la situazione, come rispondere a tutte quelle persone, come controllare senza sbavature quell'onda di piena che rischiava di travolgermi. Ero stupefatto dalla bellezza di quell'Italia silenziosa e fino ad allora sconosciuta. Mi scrivevano, e hanno continuato a farlo per mesi e mesi, abitanti di città e paeselli, gente di borgata e di campanile, esseri timidi e umili che avevano poca dimestichezza con la grammatica, e altri che invece usavano la nostra lingua con una raffinatezza impensabile. Professori e pensionati, dirigenti e casalinghe, avvocati e operai, extracomunitari e maestre d'asilo, infermiere e medici ancora in attività. Scrivevano a Gino, naturalmente, ma ormai era lo stesso.

C'era chi mi mandava poesie, chi pensieri commoventi, chi mi ricordava che da quel giorno, ogni sera, avrebbe pregato per il mio amico malato. Altri mi hanno spedito bottigliette di acqua di Lourdes e della Madonna del Pozzo, immagini benedette – non so quante di Padre Pio – preghiere particolari, invocazioni accorate ai santi dai nomi più strani o alle molti Vergini che popolano il cielo della fede.

In molti di quei messaggi c'era una felicità che non so spiegare. C'era la resurrezione *morale* del dolore e la sua accettazione piena. C'era la certezza che la lotta e la fede in Dio potevano sconfiggere il mostro e i suoi infami pipistrelli. C'era soprattutto, e lo continuo a ripetere perché ancora oggi non so come possa essere stato per tanto tempo così cieco verso il mio Paese, un'Italia diversa da quella in cui pensiamo di vivere ogni giorno.

Non sto parlando solo di una folla di cattolici a cui Dio ha voluto regalare il dono della fede. Troppo facile, troppo scontato, troppo poco credibile.

C'erano mail colme di terribili agonie e di dolori senza scampo e senza requie. Perdite che non si sarebbero mai sanate. Persone strappate alla vita in pochi mesi tra sofferenze inaccettabili, destini atroci, giovani vite spezzate senza un perché, famiglie devastate da lutti così repentini da apparire, pure dopo molti anni, incomprensibili. Lutti che ispiravano più la voglia di bestemmiare che quella consolatoria di pregare.

Eppure anche queste fosche mail, magari nella loro parte più profonda, nascondevano una luce tenue e precaria di speranza, come quella dei lumini colorati che mia nonna Fernanda accendeva ogni sera, prima di andare a letto, davanti ai dagherrotipi dei suoi morti.

Era una luce talmente inconsistente da apparire poco terrena e corporea. Una di quelle stranezze immateriali che rendono le nostre scarse certezze materia visionaria di sogni e desideri. Le ho lette queste mail, mi hanno confortato in tante ore difficili, le conservo tutte.

Grazie a Gino ho scoperto e amato un'Italia differente. Migliore. Più sana. Più pulita e trasparente. Molto più concreta. Lontana anni luce dai Grandi Fratelli e dai talk show televisivi. Dai politici mascalzoni e bugiardi, strafottenti e anche un pochino abietti, dai loro loschi giochini di potere, dalla loro siderale lontananza dai bisogni reali della gente. Un'Italia antica in cui tutti avremmo bisogno di tuffarci di tanto in tanto per purificare l'anima e i pensieri.

Una volta nella mia rubrica ho scritto che nel nostro Paese ormai nessuno ripara più le calze bucate con l'ago, il filo e l'uovo di legno che usavano le nostre nonne. Sono stato sepolto da dolci insulti e tenere proteste. Non è vero, mi hanno rimproverato alcune lettrici, noi ancora ripariamo le calze in quel modo, e non gettiamo via niente. Non ce lo possiamo permettere economicamente, e anche quando ce lo possiamo permettere, lo facciamo lo stesso perché ci piace ripetere questi antichi gesti. Proprio così, «antichi gesti», mi ha scritto una cinquantenne impiegata della Cgil in provincia di Taranto.

Ci avete mai pensato che per migliaia di anni l'uomo ha compiuto gli stessi gesti, semplici e ordinari? Ha scavato, ha piallato il legno, ha battuto il ferro e fatto girare la ruota, ha acceso il fuoco, ha costruito piccole sculture e grandi cattedrali, ha tirato su secchi dal pozzo per bere l'acqua, ha miscelato i colori e cotto il pane fatto a mano. Ha pigiato l'uva con i piedi e con le mani per ricavarne il vino, ha vergato pergamene, ha vegliato sul sonno delle stelle e di altri mondi immaginati. Lo ha fatto per migliaia e migliaia di anni.

Di quei gesti semplici e ordinari, ai quali nessuno dava importanza perché facevano parte del quotidiano, non rimane quasi più niente. Li abbiamo sostituiti con le macchine e la tecnologia. Oggi pigiamo bottoni per accendere la televisione, inseriamo badge per entrare e uscire da uffici che ci rubano l'anima, usiamo carte di credito per prelevare denaro o ricaricare cellulari. Le mani dei nostri figli e dei nostri nipoti non sanno fare altro. E anche noi ormai arranchiamo nella corrente, coscienti che è possibile dimenticare il passato, ma è difficile resistere al futuro.

Eppure mi ha fatto tenerezza quella levata di scudi a favore delle uova di legno con cui le nostre nonne riparavano i calzini bucati. Io la ricordo bene la nostra Lia, la tata più antica che la mia memoria ha salvato dal naufragio del tempo, seduta vicina alla radio ad ascoltare ritornelli sdolcinati degli anni Cinquanta e a riparare calze strappate che poi noi mettevamo con assoluta e inconsapevole normalità.

E a proposito di nonne, un'altra volta mi hanno scritto una ventina di nonne liguri che hanno fondato il gruppo «Le nonne di Gino». Mi hanno spiegato che le preghiere delle nonne, come quelle dei bambini, arrivano più velocemente al cielo: quindi se ne stesse tranquillo Gino perché ci avrebbero pensato loro con le preghiere d'antan a farlo guarire. Si può dire no a molte cose, ma le invocazioni accorate delle nonne, se rifiutate, risultano indigeste anche al Padreterno.

C'è stata una ragazza di appena trent'anni che mi ha rassicurato: «Dica al suo amico Gino che quest'estate vada tranquillo in vacanza, le zanzare non lo disturberanno». La sua migliore amica, da due anni in chemioterapia per un brutto linfoma, si era accorta che le zanzare, da sempre una sua croce, non le si avvicinavano più, evidentemente infastidite dall'odore dei veleni della chemio. «Gino passerà un'estate tranquilla da questo punto di vista» assicurava nella mail. E io ho immaginato con stordita dolcezza i riposi notturni della ragazza senza capelli e senza zanzare, con pesanti borse sotto gli occhi, spossata dal dolore e dalla paura, ma finalmente immune da quei sudici insetti succhiasangue. Chiari di luna e cieli stellati senza punture.

12

Ma Gino ancora non si chiamava Gino, anzi a dire la verità non aveva nome. L'ho battezzato due settimane dopo, nella rubrica dell'11 giugno, *Le cose vere della vita/2*, la seconda dedicata al mio nuovo amico. È lì che Gino è nato ufficialmente. Ma era già in grado di muoversi in assoluta autonomia e, anche volendo, non avrei più potuto fermarlo.

Non ho voluto contare tutte le mail arrivate. Non è una gara. Ma le ho conservate. Senza gettarne via nessuna. Hanno continuato a intasare il computer giorno dopo giorno, e con centinaia di lettori si è ormai creato un rapporto di amicizia.

Mi scrivono per le ragioni più varie. Per confortare Gino, naturalmente, ma anche per chiedere consigli o suggerimenti. Si fidano di me e mi caricano di grandi responsabilità. Mi suggeriscono letture leggere come nuvole (non solo per Gino, in verità). Chiedono notizie, vogliono essere aggiornati sulle reali condizioni di salute del loro amico. Lodano l'amico di Gino, che sarei io, per il garbo e la misura che usa nel raccontare l'odissea di quel poveraccio, ma si vede (giustamente) che io sono una figurina di contorno, lieve e accettata solo perché rappresento il loro tramite con l'unica persona che veramente li interessa.

Sono gli amici di Gino, una folla che mi obbliga a faticose tiratacce la sera per rispondere a tutti, ma che mi riempiono il cuore di una gioia finora sconosciuta: quella della gratitudine che mi viene offerta senza chiedere nulla in cambio. E chi c'era più abituato?

Non c'è ipocrisia in loro, né interessi nascosti. Non giocano complicate partite a scacchi ma regalano sentimenti. Non hanno ambizioni personali o sperano in contropartite. La vita vera, quella sporca di tutti i giorni, in questa regione incontaminata non ha cittadinanza, non trova spazio, non esiste. Amano Gino e hanno sposato la sua causa senza se e senza ma. Vogliono che guarisca e viva, desiderano incontrarlo per dirgli personalmente «Non mollare che ce la puoi fare». Gli scrivono dolcezze d'altri tempi, anche dentro mail telegrafiche, o gli inviano poesie tenerissime contro i fantasmi e le paure della notte.

Di tante mail ne ho scelte solo alcune, e sono sicuro di averne dimenticate molte che meritavano diritto di piena cittadinanza in questo libro. Me ne scuso in anticipo con i loro autori. Non ho voluto, per motivi di privacy, pubblicare nome e cognome di chi le ha mandate, quindi mi sono limitato a segnalare solo il nome di battesimo. È più che sufficiente. Ho voluto riproporre questi pensieri di un'Italia buona e altruista con gli errori di grammatica o gli impedimenti linguistici degli originali. Non ho cambiato nulla.

Volevo solo aiutarvi a capire meglio e più a fondo il meraviglioso popolo di Gino che in tutti questi mesi mi ha molto aiutato, confortato, sorretto. E qualche volta commosso fino alle lacrime.

«Sono un padre di sei figli, il più grande 21 anni, il più piccolo 5. Tutti quanti, ogni sera preghiamo per Gino. Un'implorazione speciale, perché le preghiere dei bimbi hanno una corsia preferenziale per Nostro Signore.»

Vincenzo

«Il suo amico Gino e la sua storia mi hanno trascinato indietro di oltre trent'anni, adolescente con il cuore pieno di sogni. Ero in America e un amico mi portò a sentire il ragazzetto del New Jersey che pompava rock come una vecchia locomotiva a vapore. Il ritornello canta così e lo dedico a Gino e a tutta la strada che dovrà percorrere nei prossimi mesi: "Abbiamo fatto una promessa e abbiamo giurato che ce la saremmo sempre ricordata / Nessuna ritirata amico, nessuna resa / Fratelli di sangue in una notte di tempesta / con un giuramento da difendere / Nessuna ritirata amico, nessuna resa".»

Gianluca

«Sento Gino molto vicino e comprendo anche il suo disagio come amico. Consiglio Gino di concentrare la sua attenzione nel rapporto con la fede e di non disperare. Io pregherò per lui in una delle mie prossime visite a San Giovanni Rotondo. Gli dica che gli voglio bene anche se non lo conosco. Noi, toccati dalla sofferenza, ci vogliamo un bene speciale e aspettiamo con fiducia il significato di questi eventi che il Signore comunque ci comunicherà.»

Giorgio

«Un abbraccio a Gino. Quando lo incontra, lo conforti con il motto degli alpini di Bisogne: mai mollare, tieni duro che ce la fai.»

Mario

«Ciao, voglio dare anch'io la mia testimonianza per Gino e la sua storia. Tutta l'estate scorsa l'ho passata a fare la chemioterapia per un tumore alla mammella (ho 29 anni!!!!!!), ora per fortuna ho finito e faccio i controlli ogni tre mesi. Caro Gino, tieni duro e soprattutto non permettere alla malattia di cambiarti in peggio. Non puoi immaginare la gioia che ho provato quest'anno quando sono andata al mare per la prima volta dopo due anni! Un abbraccio e tantissimi auguri e quando pensi di non farcela, prega.»

Sarina

«Sono un vecchio lettore del «Corriere della Sera» e ho letto sul "Magazine" di oggi *Le cose vere della vita* e ne sono rimasto profondamente colpito. In quanto nella mia famiglia abbiamo avuto purtroppo tanti malati, e la maggior parte morti per tumori vari. L'ultimo, quello di mio fratello morto a 63 anni per un tumore al polmone, ed è per questo motivo che le scrivo, pensando a Gino. Le consiglio l'utilizzo costante e continuo dell'aglio, più volte al giorno. La prego, non sorrida, è una cosa molto seria alla quale credo moltissimo. Non costa niente e non fa male, né al portafoglio né alla salute, per cui perché non provare? Io sono un miscredente e quindi può immaginare come ho considerato questa cosa in passato. Ma ora ci credo, e la prego di farla provare a Gino. L'aglio può fare miracoli!»

Luciano

«Caro Calabrese, le consiglio di stare attento alle parole. Quelle due parole che lo specialista ha pronunciato hanno tolto l'aria che respira al suo amico Gino. Le parole creano la patologia, così il suo amico è stato colpito nel cuore. Bisogna stare attenti. Mi dispiace per il suo amico. Gli consigli il dvd di Louise I. Hay: *Puoi guarire la tua vita*, e gli stia vicino. A tutti e due consiglio il libro di Pierluigi Lattuada: *L'arte medica della guarigione interiore*. Perché le parole fanno ammalare. Perché le parole curano. Fino alla guarigione. Di cuore.»

Jack

«Il tumore di mio padre era uno dei più fetenti. Insidioso si era annidato nel fegato ed era cresciuto lentamente, senza sintomi chiari. "Caso raro", disse lo specialista, perché non derivante da presupposti ordinari. Vai a spiegargli che quarant'anni di vita a Marghera qualche fregatura la possono dare. Mia madre tenne il responso per sé perché il suo amore poteva guarire il marito, e allora la malattia sarebbe stata solo un brutto ricordo. Mio padre, però, comprese tutto, ma per amore si affidò alla moglie. Sono trascorsi più di undici anni da quando mio padre è morto, ma ho dentro di me le sensazioni straordinarie provate in un pomeriggio d'estate, quando mi chiese un bicchiere d'acqua con del ghiaccio. Era disteso a letto, stremato da settimane di sofferenze. "Vedi come si sciolgono i ghiaccioli" disse mio padre mettendo in controluce il bicchiere. "Alcuni pezzetti si staccano e sembra si sciolgano nella grande luce" aggiunse. Il mio papà non ha mollato sino all'ultimo. Nemmeno il suo amico Gino può mollare.»

Alberto

«Il pipistrello ti cambia la vita. Capisci che le cose vere e importanti sono altre... Basta un sorriso e uno sguardo per essere stranamente riempiti d'amore, ma quello buono, pulito, che si ha entrando in sintonia profonda, perché se non ci sei in quella sintonia profonda, secondo me, non puoi andare avanti. Il mio stupendo marito pieno di vita si è scoperto quei pipistrelli anche lui. Lo hanno operato, irradiato, chemiato, impasticcato con dei nuovi farmaci, e lui sempre sorridente, dolce, con quella forza nuova che dava forza anche a me. Mio marito è dovuto salire su un treno dove io non posso salire. Allora il mio messaggio per Gino è: non mollare, e per piacere parla e parla e parla di tutte le tue paure, perché gli altri le possono solo immaginare. Gli altri non sono te ma se capiscono partecipano e ti possono aiutare ancora di più. Non mollare, vai avanti, prenditi un'altra giornata di sole, stupenda e unica, e poi ancora una, e un'altra ancora. Stupisci della bellezza di ogni momento. Combatti Gino, combatti e vinci per tutti noi che ti stiamo a guardare e tifiamo per te.»

Fabrizia

«Ho 59 anni, stamane ero depresso per le solite discussioni con la mia compagna. Ho letto la storia di Gino e la depressione mi è passata. Sono "altre" le cose per cui vale la pena deprimersi. Un forte abbraccio a Gino, a cui dico soltanto: non mollare, fallo per tutti noi che già ti vogliamo bene.»

Rosario

«Gentile dottor Calabrese, solo per dirle che quando leggo i suoi articoli su Gino e la sua disavventura i piccoli e i grandi problemi di ogni giorno mi paiono inezie risibili e sto subito meglio. Gino dirà: "Grazie al cazzo". Ma è così, e gliene sono grato. Un grande abbraccio a entrambi.»

Daniele

«Da due settimane Gino non è soltanto un amico, ma il mio migliore amico.»

Mario

«Sono una ormai non troppo giovane precaria dell'Università di Roma, dove faccio ricerca da 16 anni. Mi sento molto vicina al suo amico, sono disgrazie con cui mi scontro tutti i giorni, e per noi ricercatori che crediamo nel nostro umile lavoro, rappresentano una sconfitta. Mi piacerebbe poter consolare Gino e come lui tutti quelli che affrontano ogni giorno una terapia e un intervento dicendogli che c'è gente che continua a lavorare per loro, a volte anche nelle condizioni più estreme e con la convinzione che il proprio lavoro posa essere un tassello da aggiungere alla cura e alla prevenzione di certe patologie. Per fare questo però ci serve l'aiuto di tutti, anche se piccolo. Basterebbe lo stipendio mensile di un parlamentare per pagare 20 (o forse più) precari come me. Non bisogna comunque darsi per vinti, ma noi da una parte e i malati dall'altra, dobbiamo continuare a lottare pazientemente, ogni giorno. Anche queste sono le cose vere della vita.»

Antonella

«A casa avevo un glicine bellissimo, era un pergolato così grande e faceva tantissima ombra, ci si stava bene... poi un giorno qualcuno lo ha distrutto, lo ha tagliato alla radice entrando per dispetto nel nostro giardino, lo abbiamo trovato così tornando un giorno dal mare. Lo abbiamo provato a piantare di nuovo... e il glicine è tornato, magie della natura. Chi la dura la vince! Io lo serbo nei miei ricordi d'infanzia e oggi leggendo *Moleskine* ho pensato ancora al mio glicine che di cose ne ha viste e discorsi quanti ne ha sentiti! Caro Gino, il tuo glicine ti aiuterà, la natura è fatta di tanta di quella energia e ci può solo stimolare a pensare positivo. Ti mando la mia energia e domani ti dipingo il glicine che sta nei miei pensieri.»

Mir

Mi fermo qui. Adesso sono confuso e i pensieri mi girano a vanvera nella testa. Ma non è una sensazione spiacevole. Erano mesi che non andavo a rileggere queste mail. Ho pescato nel mucchio per sceglierne qualcuna. Ma tante, tantissime, sono rimaste lì, e forse nessuna verrà mai più ripescata dal magma di paure e di speranze, di forza e di tristezza che è stata, fino a oggi, la storia della mia malattia chiamata cancro.

Giorno dopo giorno, settimana dopo settimana, queste mail si sono affacciate al video del mio computer. Sia che io scrivessi di Gino o che non ne scrivessi affatto. Erano un'entità a parte, e ormai sono abituato alla loro presenza. Ho sperimentato anche un modo per rispondere a tutti, e credo abbia funzionato.

La mattina, tutte le mattine, vado nella Valle dei Cani a Villa Borghese con Pippo e Tuna e ho una vita «sociale» diciamo abbastanza normale con altri canari pazzi come o più di me. Questa sarebbe la normalità. Poi nel pomeriggio vivo la realtà virtuale del popolo di Gino. Scrivo le mie rubriche e altre cose che conservo. E la sera, quasi tutte le sere, rispondo alle mail.

C'è un grande silenzio in questa casa durante il giorno. È una casa molto luminosa e molto silenziosa. Ma la sera il silenzio diventa compatto e i pensieri scorrono con maggiore libertà e scioltezza.

Le sere di questa casa sono popolate di antiche ombre che mi accompagnano da una vita. Mi tengono compagnia. Sono visioni di cose passate, di personaggi incontrati, di vicende accadutemi che non ho mai raccontato. Sono volti cari, carissimi, che tornano affinché io senta che mi sono vicini. Talvolta mi danno coraggio e forza. Altre volte non chiedono e non donano nulla. Ma sono lì, fonti di calore universali. Nel senso che fanno ormai parte di quella grande forza che costituisce tutto ciò che ci circonda. Quella massa poderosa e consolante dalla quale proveniamo e alla quale torneremo.

Per cui rispondo alle mail e poi mi interrompo. Resto fermo a guardare attraverso la grande finestra del mio studio la notte romana che mi circonda. Amo molto questa città, ed è un amore che dura da più di mezzo secolo. Sono così tante le notti magiche che mi ha regalato in tutti questi anni. C'è un'aria, nelle notti di Roma, che non ho mai sentito altrove. Friccicorina, direbbero i romani veraci e gli antichi testaccini. Sono notti di sentimento e di cicoria, se mi si perdona l'accostamento irrispettoso. Ma sì che me lo si perdona, si perdona (quasi) tutto a un malato grave di cancro.

Rimane l'ultima cosa da chiarire, prima di lasciare il sentiero delle mail e dei buoni sentimenti e tornare alla strada della chemioterapia che sta per iniziare. Me lo hanno chiesto in molti: perché hai chiamato Gino il tuo *alter ego* in questa vicenda? E soprattutto, chi era Gino?

A questa seconda domanda non posso che rispondere la verità: non so chi era Gino e non lo saprò mai. Ma posso spiegare perché l'ho scelto come nome.

È tutta colpa di Anna, la nonna paterna di mia moglie. Lei e sua sorella, di due anni più giovane, amavano questa nonna in maniera sfrenata, come si possono amare solo le nonne nell'età adolescenziale.

Il padre di mia moglie e di Antonella era andato via di casa quando le due ragazze avevano tredici e undici anni. Un'altra donna, un'altra vita, un'altra famiglia. Uno di quei lutti che può sconvolgere l'esistenza degli adolescenti se i distacchi sono immediati, inattesi, brutali, definitivi. Tanto brutali che la nonna Anna aveva scelto di spalleggiare la nuora invece del figlio, e da allora si era dedicata anima e corpo alle due nipoti. Maestra elementare, aveva saputo mischiare tenerezza e rigore, amore e severità. Alle due ragazze aveva insegnato le buone maniere e ripetuto ogni giorno la lezione: prima lo studio, poi il divertimento. E se lo studio era molto, perché su questo era intransigente e autoritaria, diminuiva il divertimento. Ma mai, neppure una volta, scordava la tenerezza. Bisogna anche dire che aveva trovato terreno fertile sia in Barbara che in Antonella.

Il giorno del sedicesimo compleanno di Barbara aveva regalato alle nipoti due portatovaglioli in argento: uno siglato con l'iniziale B, l'altro con la A. Che voi ci crediate o meno, in quel momento nasceva Gino, solo che né lui né io lo sapevamo ancora.

Quando ci siamo sposati, Barbara ha portato nella nostra casa il suo vecchio portatovaglioli, e giusto quell'estate, durante una vacanza a Madonna di Campiglio, aveva comprato, per sfottermi, un portatovagliolo in legno intarsiato con un folletto con tanto di pipa e berretto a pendaglio. Una cosa così kitsch e oscena da essere quasi dolce. Per alcuni anni lo gnomo ha segnato il mio posto a tavola. Mi ci sono anche affezionato, non lo nego. È ancora conservato in un cassetto della cucina. Ogni tanto, quando lo apro per caso, mi occhieggia severo e un po' malinconico. Vuole tornare a vivere, non gli basta che io gli voglia bene.

Dopo qualche anno, un giorno, tornando a casa trovo Barbara, tutta contenta, che mi dice: «Guarda che ho comprato oggi» e mi mostra un portatovagliolo uguale al suo. Preciso identico, lo stesso argento, la stessa striscia di fili attorcigliati sul bordo, la stessa misura, lo stesso peso. Da non crederci.

Solo che al posto della P, come Pietro, c'era scritto sopra un nome: Gino. «Non preoccuparti,» mi ha detto Barbara come se quella differenza fosse fondamentale «questo Gino lo facciamo cancellare e ci mettiamo sopra l'iniziale del tuo nome.»

Naturalmente Gino non è stato mai cancellato e sostituito, così da non so quanti anni io mangio con il mio portatovagliolo in argento e quel nome inciso sopra. Gino è nato lì. Da una casuale scoperta in un negozio d'antiquariato in via dei Coronari, e da una piccola caverna che si è aperta dentro al polmone nel silenzio rumoroso del mio corpo. Ha visto la luce in un articolo per raccontare la paura, l'angoscia, la speranza, la voglia di lottare. Gino mi porterà bene, lo sento.

13

Tu chiamala, se vuoi, tripletta, mi dice la testa quella mattina del 27 maggio. Una giornata splendida piena d'estate e di azzurro. Calda, allegra, lontana da qualunque sensazione dolorosa. Gli uccelli sembrano impazziti sugli alberi che circondano Villa Margherita, dove sto entrando per sottopormi alla prima seduta di chemioterapia.

Il mio stato d'animo è, per fortuna, come quello di un incosciente. Mi sento bene, in forze, praticamente non me ne frega nulla di avere una grave forma di cancro perché sono convinto che supererò anche questa prova e tutto tornerà come prima. Adesso, ragiono tra me e me aprendo la porta a vetri della clinica, devo solo sottopormi a una trafila di scocciature ma il risultato è certo: finirà anche questa brutta storia che mi è piombata sulla testa. Di cui tutti hanno paura, ma io no. Io *so* di potercela fare.

Se ci ripenso oggi, quel sessantacinquenne a suo modo spensierato che non aveva ancora capito niente, mi fa una grande tenerezza. Eppure meglio così:

quella leggerezza di cuore era la maniera migliore per affrontare ciò che mi attendeva.

«Segua la striscia gialla» mi avverte la signorina dell'accettazione per il day-hospital. Firmo il documento e guardo per terra. Ci sono tre strisce: una rossa, una bianca, una gialla. Non ho mai chiesto, e quindi non ho mai saputo, dove conducessero le altre due. Io seguo la striscia gialla. Passo davanti al bar, giro a destra, poi a sinistra e la striscia si ferma davanti a un ascensore. So che devo andare al primo piano. Penso: l'ascensore per il primo piano? Ma non fatemi ridere. E affronto baldanzoso la salita. Sono diciotto gradini, nove sulla prima e nove sulla seconda rampa.

Me ne sarei ricordato in seguito, di quella baldanza. Me ne sarei ricordato nei giorni in cui quella piccola salita a piedi mi sarebbe costata una fatica del diavolo, pur fermandomi ogni volta dopo la prima rampa a riprendere fiato. Solo chi c'è passato capisce quello che dico. Il fiatone dopo nove gradini. Salire le scale, durante la chemio, è sempre stata una grande sfida con me stesso. E non c'è stata volta, nemmeno una, mentre arrancavo come un vecchio sgangherato e mal ridotto, che non ho ripensato alle scale liberty della mia casa di via Dante a Palermo, con le vetrate colorate di giallo e verde, affrontate facendo i gradini a tre per volta. La casa al primo piano, la casa grande, la casa di famiglia.

Ma l'ascensore di Villa Margherita no, quello non l'ho mai preso. È una delle piccole medagliette al valore che mi sono appuntato al petto da solo in tutta questa vicenda.

Cisplatino, taxolo, gemcitabina. Eccola qui la formula magica della tripletta. La zattera farmacologica alla quale si aggrappano i molti naufraghi del cancro. I tre medicinali che compongono il dosaggio della chemioterapia. Nomi complicati, difficili, tecnici. Inimmaginabili nella vita precedente, prima del tumore.

Per rassicurarti ti dicono che fanno parte dei protocolli internazionali. Significa che li usano, uguali, in tutti gli ospedali del mondo. Così se non funzionano e muori, almeno sai che crepi in buona compagnia, una compagnia di giro internazionale, non come un povero provinciale qualunque.

Gemcitabina: è l'unico che appena ne senti il nome, ti sembra un medicinale. Ma ha una musicalità buona, e quindi deve essere uno di cui ti puoi fidare, pensi (sbagliando, perché a questo punto non ti puoi più fidare di niente). Taxolo: mi ricorda qualcosa che riguarda le partite Iva, ma che c'entra con la linea gialla del cancro? E poi il più ganzo di tutti, quello che mi avrebbe regalato gli incubi peggiori e le serate più difficili: cisplatino. Sentite come scende bene sulla lingua questa parola e ne esce pulita da ogni colpa all'aria aperta: cisplatino. Sembra carina, no? Invece è il più carogna. E avrei dovuto capirlo subito, perché è l'unica boccetta, tra le molte, che l'infermiera dispone in fila sul tavolino, avvolta nella carta argentata, la stessa dove si mettono il prosciutto o la mortadella prima di riporli nel frigo. Domando: «Perché quello lì è coperto?». Mi risponde l'infermiera: «Perché la luce lo fastidia» – (dice proprio così: lo fastidia, che per me è una parola antica ma bellissima) – «e ne disperde l'efficacia». Cioè è una di quelle maledette invenzioni farmacologiche che deve stare al buio e al riparo per colpire meglio e più a fondo.

Quante volte nel corso di questi mesi ho sentito ripetermi: «La scienza oggi fa miracoli, ogni giorno inventa soluzioni nuove, farmaci potentissimi». E ogni volta penso: "Ma perché ci prendiamo in giro, perché volete che la speranza di un malato sia annegata in una presa per i fondelli?". La scienza da più di tremila anni fa progressi, miracoli e inventa pozioni o soluzioni farmacologiche nuove. Dal veleno di scorpione al cisplatino il passo è più breve di quello che pensiamo.

Certo, negli ultimi cinquant'anni la velocità con cui sono state trovate nuove formule si è moltiplicata, e qualche volta il tanto invocato progresso medico è pure arrivato in tempo per salvare molte vite. Ha vinto malattie implacabili, praticamente debellandole. Nel frattempo, poiché alla fantasia del male non c'è limite, la natura o le follie e le violenze degli umani ne hanno inventate di nuove e di peggiori. L'uomo ha violentato le forze buone che lo circondano dal giorno della creazione, da quel primario giorno in cui è cominciata la nostra avventura sulla Terra. E a forza di venire violentate, anche alcune di queste forze buone, o innocenti, o neutre, sono diventate cattive, perverse, invasive. E hanno generato nuove malattie e nuovi flagelli contro i quali l'uomo, armato di tutte le armi di cui dispone, anche quelle poco sperimentate, ha iniziato le moderne crociate per la salute.

A chi non è capitato di leggere sul giornale notizie mirabolanti di nuove cure, nuovi farmaci, nuove possibilità di interventi chirurgici? Per poi scoprire, nell'ultimo paragrafo dell'articolo, che si tratta di risultati sperimentali, ma che presto inizieranno gli esperimenti sui topi, ma che presto inizieranno gli esperimenti sui maiali, ma che presto arriveranno anche agli esperimenti sugli umani. Tra una decina di anni, in media. Meglio quindici, per essere più sicuri. Questo è il *presto* dei tanti articoli scritti da giornalisti stressati ma sani, frustrati ma lontani anni luce dai labirinti del male e della malattia. E chi li assicura dieci o quindici anni ai malati di cancro, di leucemie, di linfomi? Ai bambini senza capelli e senza sogni, senza giochi e senza speranze, a quei bambini che fanno fatica anche a respirare e si sono incattiviti con la vita.

Comunque, quella radiosa mattina di fine maggio mi fanno sdraiare sul letto della camera 127, si assicurano che stia comodo, che due cuscini siano sufficienti, che i piedi e le gambe risultino leggermente sollevati. Mi circondano persone disponibili e cortesi. Il sole filtra attraverso le grate della persiana quasi del tutto abbassata. Per strada si sente il rumore di un clacson. Immagino che gli uccelli continuino a disegnare i loro voli strampalati nel cielo azzurro. Penso che siano i rondoni, quelli più sfrenati. O gli stornelli, ma no, gli stornelli no, loro impazziscono nel pomeriggio quando si sommano gli uni agli altri in perfetti squadroni, in mirabolanti frecce aeree e se ne possono contare migliaia su alcuni viali romani dove si pattina sul guano e gli automobilisti tirano giù moccoli da caserma quando salgono in macchina e nemmeno il più efficiente dei tergicristalli ce la può fare contro quegli schizzi biancastri che coprono tutto il vetro e impediscono di vedere fuori.

Loredana, la caposala che diventerà la mia compagna di clinica preferita, mi sorride: «Pronto, direttore?» chiede.

Domanda inutile. Ma consolatoria. Perché presuppone che ci sia anche una tua volontà a manovrare le leve di giorni come questi. In realtà tu e la tua volontà non contate nulla. Sei alla mercé dei medici e degli infermieri, degli aghi e delle flebo. Aste, alberi, tubicini, gocce che li traversano e ti entrano dentro per fare il loro lavoro. Se le hai lette, ti tornano in mente alcune pagine bellissime della *Morte di Ivan Il'ič* di Tolstoj. Se non le hai lette è meglio, perché la tristezza di quelle pagine è l'ultima cosa a cui ti va di pensare in quei momenti.

«Sono pronto» rispondo, cercando di dare alla mia voce un tono normale. Ma capisco che non c'è niente di normale in quel momento preciso: sta per iniziare la chemioterapia, una cosa di cui ho sempre sentito parlare e che fa paura perché evoca sofferenza, dolore, morte.

«Bene» fa Loredana avvicinandosi con un ago in mano. «Adesso si rilassi.» Chiudo gli occhi, che mi sembra il segnale migliore da dare a quelli che mi stanno intorno. Un segnale di lago calmo, di brezza leggera, di pensieri soffici trasportati dolcemente da quella brezza.

«Faccia un bel respiro» dice Loredana. Faccio un bel respiro e sento l'ago entrare in vena. Non fa male. La flebo comincia a lasciar gocciolare i suoi liquidi. L'invasione è cominciata. «Protocolli internazionali» penso, e dovrei sentirmi rassicurato.

Ho iniziato la chemioterapia.

La prima volta dura quasi sette ore, un'eternità. Mi iniettano, insieme alla tripletta, soluzioni fisiologiche, cortisonici, antistaminici, diuretici.

Non m'importa. Vivo quell'esperienza con l'incoscienza del saltimbanco. Cerco di convincermi che per quanto faticosa potrà essere, sarà grazie ai farmaci che batterò il tumore, sterminerò i pipistrelli, seppellirò la caverna e tornerò a giocare a golf, nuotare, scrivere, vivere una vita normale con mia moglie, aspettare le visite di mia figlia a Roma senza disperarmi pensando che siano le ultime, andare a cena con i miei amici e a passeggiare nel parco con Pippo (Tuna, quella sfrontata rubacuori di Tuna, come vi ho detto, non era ancora arrivata).

Devo fare una pausa e spiegare alcune cose. Soprattutto cosa intendo per passeggiare in un parco. Perché chi ama camminare sotto gli alberi e tra l'erba sa benissimo che ci sono passeggiate e passeggiate.

Passeggiare in un parco per me non è più stata la stessa cosa dopo i quattro anni passati a Parigi da corrispondente dell'Ansa. In quegli anni, grazie a Lucia, con la quale allora condividevo la vita e una deliziosa casetta all'ultimo piano al 23 di rue de Lille, avevo finito per trasformarmi in vegetariano (senza rinunciare però, anche se di nascosto, alle cotolette milanesi e alle salsicce di Bagheria, magre ma ricche di finocchiella selvatica).

Dopo qualche mese che vivevamo nella capitale francese, e già eravamo rapiti dal fascino grandioso di quella città, ci eravamo aggregati a un gruppo di vegetariani duri e puri, e tutti insieme la domenica, quando non ero di turno in redazione, ce ne andavamo nella foresta di Rambouillet a fare un giorno di digiuno e ad abbracciare gli alberi.

Detta così sembra la cronaca della giornata di un cretino. Alcune furono invece giornate indimenticabili e colorate. Giornate molto tenere, ricamate di ricordi leggeri come nuvole.

Solo chi ha visto i colori radiosi dell'autunno nella foresta di Rambouillet sa di cosa sto parlando. I gialli sfrenati e i rossi incendiari delle foglie, i tronchi scintillanti che spiegano quelli degli alberi di van Gogh, che quando uno li osserva pensa: "Ma dove mai li ha visti questo visionario, dei tronchi di quel colore?".

Invece esistono in natura i tronchi viola e le cortecce rosse, i rami colore dell'arancia matura e le foglie brillanti di centodue verdi differenti. La foresta del dio-creatore era davanti a me nel primo autunno trascorso a Parigi quando cercavo di sentire «la positività degli alberi», come dicevano quei vegetariani esaltati, e di provare «la fecondità del digiuno».

In realtà io ero stato esentato dal digiuno totale quasi subito, un po' perché ero italiano (*ah, les italiens!*) e quindi inaffidabile per definizione (*oh, les italiens!*), e un po' perché l'unica volta che ci avevo provato avevo finito la giornata intossicato dalla resina per i troppi tronchi abbracciati senza ritegno, e con un mal di testa infernale che si era placato solo dopo che, tornati a casa, avevo obbligato Lucia ad andare a mangiare qualcosa in un ristorantino all'angolo tra rue de Lille e rue du Beaune. Un *petit coin* consigliato per le lumache all'aglio: strepitose ma assolutamente non vegetali e quindi proibite. Quella sera avevo divorato un'insalata di gamberi della Bretagna e una frittata di verdure e cipolle.

Negli anni seguenti tutte le volte che mi è capitato di tornare a Parigi, e ringraziando Dio sono state tante, non ho mai mancato di mangiare quelle lumache assassine. E non me ne sono mai pentito.

Ma allora, all'inizio degli anni Settanta, appena trentenne, con appetiti forti di tutti i tipi, a causa della mia vergognosa impossibilità di digiunare per un giorno intero, mi erano state concesse di domenica due mele. Poche ma necessarie, anche perché io le integravo con cracker e pezzi di formaggio nascosti nello zaino prima di uscire di casa per la gita nella foresta. Mele rosse di Francia nella verde foresta incantata di Rambouillet.

Quegli strofinamenti sugli alberi del bosco, odiosi le prime volte, avevano finito per diventare parte integrante della mia esperienza parigina. Avevo imparato quali erano gli alberi buoni e quali quelli cattivi. Avevo imparato a star lontano il più possibile dai cespugli di felci, che rappresentano quanto di peggio ti possa capitare nei vagabondaggi nel pianeta arboreo. E lo testimoniavano i gridolini di orrore che le femmine vegetariane del gruppo lanciavano non appena ne incrociavamo qualcuno. Giravano al largo come se avessero intercettato il diavolo in persona. Ma era proprio nascosto da quei cespugli maligni che integravo le mie due mele, sicuro che da quelle parti nessuno sarebbe venuto a disturbarmi.

Lontano pure dai salici piangenti che, lo dice la parola stessa, portano lacrime e disgrazie.

Nessun timore invece a stringere forte il leccio, il pino, l'olmo e l'ippocastano. Buono anche il cespuglio di alloro. Tutta salute intorno alle querce e agli ulivi mediterranei (inesistenti nella regione di Rambouillet), ai pitosfori e soprattutto ai carrubi e all'antico sughero. Una radura di sugheri massicci, frondosi, alti, eleganti, centenari, è quanto di meglio ti possa capitare d'incontrare camminando per i viottoli del bosco. Quando, nei paesi mediterranei vicini al mare, capita di trovarne, il minimo che si può fare è fermarsi a guardare e poi lasciarsi andare e abbracciare quest'albero di forza e saggezza millenaria. Gli alberi proteggono, il sughero protegge ancora di più.

Tutto questo per dire che da quei lontani giorni parigini passeggiare tra gli alberi, anche oggi, per me è sempre un'esperienza complessa. Se attraverso un parco con la testa altrove, mi rimprovero e non mi perdono l'occasione sprecata. Se cammino e cerco di concentrarmi sugli alberi e sulla straordinaria energia positiva che emanano (quelli buoni, naturalmente) e non riesco a farlo perché mi perdo in inutili pensieri quotidiani, finisco per farmi pena da solo e mi artiglia la tristezza tipica del vecchio che ha scordato perché sta al mondo. Solo se raggiungo il mio intento sono soddisfatto. Ma ci riesco raramente. Perdo colpi. Perdo occasioni. Perdo messaggi.

Amo gli alberi e le piante. Affliggo la mia amica Laura Orazi perché mi spieghi la storia di un albero o il nome di un altro, e la obbligo a lunghissimi giri in macchina nella Roma intasata e massacrata dal traffico, solo per avere informazioni su quella pianta che mi ha rapito appena l'ho vista. Il pianeta verde con tutti i suoi colori ha su di me un fascino quasi totale. Sono sicuro che gli alberi sentono e capiscono, che i cespugli vivono esperienze parallele alle nostre e i piccoli fiori di campo soffrono quando li calpestiamo senza ragione, selvaggiamente. Trovo bellissimo quel pensiero di Ettore Sottsass che dice: «Non ho dubbi sul fatto che esista un paradiso di prati infiniti per le erbe solitarie».

Quando passeggio per i parchi con i miei due cani, osservando i loro gesti e i loro atteggiamenti, imparo ogni giorno qualcosa. I cani hanno con le piante un rapporto da pari a pari, ci pisceranno magari sopra, ma lo fanno con rispetto. Non come noi, bestie umanoidi, che spesso neanche li guardiamo questi signori dei parchi e delle foreste. O li guardiamo senza veramente accorgerci di loro. Senza renderci conto di tutte le protezioni gratuite che ci offrono.

Penso sempre a quell'immagine di Pietro Citati, l'ultimo vero mago della parola rimasto in questo Paese, che scrive: «Ricordo Olimpia: sui templi distrutti, sulle colonne tagliate e abbattute, è discesa dolcemente con il tempo un'intera collina, difendendo con la pietà dei pini le pietre salvate dalla furia degli uomini». Che bella immagine, la *pietas* dei pini!

Bisogna amare gli alberi, e sforzarci di conoscere i tempi della loro vita. Quando li vediamo fioriti, vuol dire che hanno gemmato da un pezzo. Ma chi ha avuto il tempo di accorgersene? O di pensare che è di nuovo passato un anno? A nessuno – e forse è un bene – viene in mente che quelle gemme potrebbero essere le ultime che vedremo nella nostra vita. L'ultimo ciliegio, l'ultimo pesco, l'ultima ghianda.

Gli alberi sono misteriosi e buoni, forti e gentili. Provate a stare seduti sotto un albero e chiudete gli occhi. Se proprio non vi va di abbracciarli (troppo plateale, vi giustificate con voi stessi) tenete gli occhi chiusi e poggiate il palmo della mano sulla corteccia. Aspettate. Non fatevi prendere dall'impazienza. Non c'è fretta. Imparate a trovare il tempo per cose che non avete mai sperimentato prima ma che fanno bene.

Se state un po' di tempo con gli occhi chiusi e il palmo della mano sulla vecchia corteccia di una quercia o di un ulivo, di un leccio o di un platano sorridente, liberate i pensieri e lasciateli andare e venire a loro piacimento nella vostra testa, e poi fuori, liberi di vagare nell'aria, sotto le fronde, o seguendo il volo di un fringuello. Vi sentirete invasi da un grande senso di benessere. Un profondo senso di beatitudine come non v'era mai capitato di provare prima.

Io la chiamo la «pace arborea», e solo gli alberi sono in grado di farmela sentire così bene. C'è un senso potente di vita in questa percezione piena di plateale serenità. È la forza che si sente tutto intorno a noi, nel creato, nel pianeta, nell'universo, nella massa nera inesplorata che esiste al di là dell'universo conosciuto. È la forza della vita stessa, la più antica forza conosciuta, dalla quale tutti proveniamo e alla quale tutti torneremo.

Una piccola, piccolissima porzione di questa vita ce la possono regalare gli alberi, se siamo abbastanza umili e concreti da rivolgerci a loro senza la consueta superbia dell'animale più feroce della Terra.

Non c'è bisogno di essere Alessandro per dominare il mondo, si è molto più forti e potenti diventando (cercando di diventare) tanti Francesco Bernardone, che cambiò i giorni e le stagioni e lo stesso futuro passeggiando in un piccolo bosco confinante con la città di Assisi. E parlando di cose semplici, al limite della banalità, con gli alberi e gli animali.

Roma ha parchi bellissimi, da Villa Ada a Villa Doria Pamphili a Villa Borghese, la più conosciuta e visitata. Mi piacciono molto Villa Celimontana e soprattutto il piccolo parco Nemorense, più defilato e raccolto, dove passeggio spesso con Paolo Mieli. Chi ci riconosce forse pensa che parliamo di strategie politiche o editoriali, di cambi di direzioni o assetti azionari, e invece ragioniamo di femmine sognate e mai incontrate, come due adolescenti che si rifiutano di crescere. Oppure ci raccontiamo scherzi e zingarate che ci mettono di buon umore.

Mi piace anche il parco dietro piazza Euclide, vicino casa mia: Villa Glori. Mia nonna Fernanda lo chiamava il parco della Rimembranza perché, mi ha raccontato quando avevo circa dieci anni, tutti quegli alberi erano stati piantati dal re che c'era allora per ricordare i soldati italiani caduti nella Prima guerra mondiale. Ogni albero, un soldato morto. A causa di tutti quei fantasmi in grigio-verde, per molti anni non ci sono mai andato perché quegli alberi-soldato mi facevano un po' impressione, peggio che andare a zonzo per un cimitero. Invece è un bellissimo posto per passeggiare, leggere, pensare. Lasciar andar la testa per i sentieri che preferisce. E per vedere Pippo e Tuna orinare di gusto, ma con rispetto, ai piedi del sergente tal dei tali o del fante tal'altro. Che riposino in pace, poveretti.

14

Ormai siamo andati abbastanza avanti in questa storia per tentare di spiegare il mio stato d'animo la mattina in cui ho iniziato la chemioterapia.

Tutto accade così rapidamente quando vieni scaraventato a forza nel labirinto del pianeta cancro che i primi giorni non riesci più a controllare né i tuoi pensieri né il trascorrere reale del tempo. È buffo pensarci: il tempo, proprio ciò che temi stiano per toglierti per sempre, ti sfugge come sabbia tra le mani. Si polverizzano le ore, scompaiono i giorni nell'imbuto del quotidiano, si crea un gorgo (ma guarda, proprio una delle quattro parole scritte nel biglietto dentro il cassetto del comodino...) dove finisce ogni momento, ogni pensiero, ogni attimo, ogni goccia di vita.

Da un lato sei come preso da una frenesia assoluta: dai, ti ripeti mentalmente in maniera ossessiva, avanti, cominciamo la chemioterapia, ingoiamo i veleni e facciamola finita con questa orrenda storia che mi è piombata addosso. Paghiamo il prezzo che c'è da pagare e voliamo via dall'incubo.

In quei momenti di frenesia mentale che confinano con il panico, ripeti a te stesso che sei un uomo sano, che hai davanti almeno quindici anni di vita. Lo assicurano le statistiche. E che cavolo! Sono quarant'anni che nel tuo lavoro ti fai aiutare dalle statistiche, e dovrebbero fregarti adesso? Puoi ancora vivere a lungo, godere, gioire della famiglia e degli amici. Puoi continuare a scrivere e a raccontare come hai fatto per così tanto tempo. Sei esattamente com'eri una settimana fa quando ignoravi tutto. Non è successo niente. Tra la persona di prima, quella che si è guadagnata la pensione lavorando duramente, e questo polverone di pipistrelli che vogliono mangiarti vivo, c'è solo una lastra radiografica, una foto in bianco e nero e una a colori. E su ognuna di queste tre cose devi lavorare di fantasia per trovare la caverna dove abita il male assoluto.

Non è vero, non può essere accaduta a me una cosa come questa.

Dall'altra parte c'è un muro che ti schiaccia il cuore. Un muro costruito in poche ore, innalzato non sai da chi ma che ormai pesa sulla tua anima senza lasciare spazio al ragionamento. Il primo impulso che avverti è quello di compatirti e di voler essere compatito. Da tutti. Da chi ti ama, ma anche da quelli a cui sei indifferente.

Il mondo intero non può non comprendere, e quindi non compatirti per ciò che ti è rovinato addosso senza colpa. Passeggi per strada, guardi gli altri e pensi: ma non vi siete accorti di nulla? È possibile? Non vedete come sono cambiato, come il cancro comincia ad agire sul mio viso, sul corpo, sul modo di muovermi? E ti verrebbe voglia di urlare: ho il cancro, maledetti, ho il cancro e sto per morire e voi ve ne state lì a camminare incuranti come se nulla nell'universo fosse cambiato. Come se il volo delle farfalle non avesse segnalato in ogni punto del globo, anche il più remoto, che mi hanno scoperto un tumore grave, invasivo, che attenta alla mia vita e che sta per rubarmi il futuro.

Il furto peggiore, l'offesa più grave, il rito cannibalesco definitivo.

E così navighi tra queste due sensazioni. Entrambe false. Come ogni naufragio, sconvolge tutto, stordisce in modo malefico. C'è solo una grandissima confusione dentro di te e intorno a te. E a poco a poco si fa strada una vecchia storia che hai sentito ripetere un migliaio di volte da quando sei nato. L'hai raccontata anche tu, come se facesse parte della normalità della vita, anche quando normale non è per nulla.

Si viene al mondo da soli e si muore da soli. Banale, vero? Quante volte avete usato questa frase o l'avete sentita?

Quando però il significato della seconda parte («si muore da soli») ti arriva addosso come un pugno inaspettato, cadi a terra e ce ne metti a rialzarti. E quando ti sei alzato e ti guardi intorno la verità angosciante di quella frase è finalmente chiarissima.

Quella verità ti dice che ti resteranno vicini, se sei fortunato, ma molto fortunato, i familiari più stretti e gli amici più veri. Che avrai qualche buona sorpresa e molte delusioni lungo il percorso. Ma quello che è certo, è che alla fine morirai da solo: tu da una parte e quell'altra cosa di cui non conosci nulla dall'altra. Tu e lei. Forse, se sei così bravo da scarnificare il significato della vita fino ad arrivarci, tu e tu. Sì, tu e tu, per quanto paradossale questa affermazione possa sembrare. Ma a rifletterci bene, senza lasciarsi spaventare da ciò che toccherà traversare, vedrete che ho ragione. Che posso avere ragione. Tutto, alla fine, si riduce a questo: tu e tu prima del salto finale. Una bella uscita di scena se la paura non ti farà rovinare ogni cosa un attimo prima.

Intanto sai per certo che l'ombra ti cammina accanto e diventa grande ogni giorno di più. È un'ombra cupa, mortificante che sta lì solo per farti sentire il freddo gelo del panico e scacciare tutto il coraggio che sei riuscito a cumulare nel cammino di malato.

Quando ho iniziato la chemio questi ragionamenti non erano limpidi. In mezzo a una grande confusione mentale, lacerato dal dolore di mia moglie e mia figlia, e dalla mia paura, l'unica cosa evidente è che avevo scelto la mia strada, nella convinzione che potesse essere quella giusta. Era ciò che mi dettavano il cuore, il temperamento, la mia storia personale, tutta la mia vita.

La strada del guerriero. Per dare coraggio agli altri, per fare coraggio a me stesso, che ero il più impaurito di tutti. Una piccola pulce bagnata, avrebbe detto Barbara.

Il guerriero. Come mi sembrava eroico questo pensiero! Nessuna paura che potesse essere vista o misurata dagli altri, grande fiducia in ciò che stavo per iniziare, la convinzione assoluta che solo senza tentennamenti o ripensamenti la battaglia tra la vita e la morte poteva essere combattuta e vinta.

Per questo ho detto a mia moglie che non volevo essere accompagnato da nessuno in clinica. Né da lei, né da mia figlia, né da altre persone. Io e io. Io e la malattia. Io e la fessura da dove uscivano i pipistrelli assassini. Io e loro. Ma soprattutto io e io.

«È come se avessi atteso questo momento tutta la vita» ho tentato di spiegare a Barbara. «Ti prego, aiutami, non farmi fallire il combattimento finale. Devo essere solo e dettare al mio cuore le mosse per la battaglia definitiva.»

Ancora non lo avevo capito, ma c'era in quell'io e io l'ultimo disperato tentativo per difendermi, per non mostrare debolezze né cedimenti.

Anche se non lo avevo capito, importava poco. Tutto il mio equilibrio interno, o ciò che in quei giorni assolati di fine maggio ne era rimasto, ripeteva la stessa cosa: la forza ti porterà a vincere il cancro. La forza positiva che ci circonda è l'unica salvezza. Aggrappati alla forza senza mostrare paura e ce la farai. La forza è vita.

Una visione molto semplicistica del problema. Ma allora non me ne rendevo conto. Non avevo alcuna intenzione di rendermene conto. E comunque, questo stato d'animo mi ha aiutato a superare quei primi giorni e quelle prime prove. Né mi interessava passare dalla calma olimpica della notte sul terrazzo di casa a momenti di panico e di paura. Tutto faceva parte della vita. Tutto e il contrario di tutto, come avrei capito in seguito.

Mentre la caposala, a un certo punto della giornata, mi cambiava la boccetta di liquido durante la prima flebo, ho visto che prendeva quella coperta dalla pellicola di alluminio. Il cisplatino. Le ho detto: «Ecco che arriva il mio amico che batterà il cancro». Loredana ha interrotto il suo trafficare tra tubi e tubicini, mi ha guardato come si guarda un pazzo e ha detto: «Il suo amico?». No, non mi ha guardato come si guarda un pazzo, ma come si guarda un cretino che ha detto una solenne cretinata.

Naturalmente aveva ragione lei. Ma io navigavo in una corazza d'argento e d'eroismo. Ero un cavaliere che stava andando a combattere i draghi, un elfo a caccia di orchi nelle montagne del nemico, un re dei nani armato di ascia per spaccare la testa ai pipistrelli e togliere dalla loro faccia quel ghigno orrendo, ero un passator cortese armato di coltello con la punta avvelenata, un guerriero comanche con le strisce bianche e rosse disegnate sulla faccia e gli occhi rapaci, un apache che conosce tutti i trucchi della foresta e può stanare, catturare e uccidere gli animali feroci. Lontani Dei mi proteggevano, antiche formule erano state gettate davanti a me nel cammino, preziosi amuleti mi erano stati donati per accrescere la mia forza, la mia determinazione, il mio coraggio. E per non lasciarmi atterrire.

Mentre i veleni della chemio entravano nel mio corpo tenevo gli occhi chiusi e cercavo di individuarli e seguirli. M'ero convinto che nelle vene e attraverso il sangue scorreva un fiume blu che dovevo navigare per guidare meglio la tripletta affinché facesse bene il suo sporco lavoro: individuare e sopprimere le cellule tumorali. E nello stesso tempo evitare l'altra faccia del disastro: che oltre alle cellule cattive colpisse e affondasse cioè anche quelle buone, che regolavano le funzioni normali del mio corpo e di conseguenza le cose belle della mia vita di prima. Quelle cose di ogni giorno – non mi stancherò mai di ripeterlo perché sono la ragione prima per cui ho deciso di scrivere questo libro – delle quali neanche mi accorgevo troppo preso dalla frenesia della routine, del potere, del lavoro, del denaro, del successo e tante altre banalità del genere. Quelle piccole, indispensabili, meravigliose cose che fanno la felicità di tutti i giorni e noi neanche vediamo. Che stupidi siamo.

La prima chemio, come ho detto, è durata sette ore. Sono uscito dalla clinica che era sempre pomeriggio. Il tramonto non aveva ancora stravolto di rosso e di rosa il cielo di Roma. Faceva caldo. Già si sapeva che sarebbe stata un'estate torrida.

Mi sono pentito di non aver voluto che qualcuno mi venisse a riprendere. Mi sentivo spossato. Ho guidato piano, come se non avessi una meta. Non c'erano appuntamenti nel mio destino, né quel pomeriggio né gli altri, tanti o pochi, che sarebbero seguiti. I giorni futuri una lavagna vuota.

Mi sono preso tutto il tempo che volevo, me lo sono regalato. Mi confortava ripensare a ciò che aveva affermato una sera di mille, o forse duemila anni prima, quando non c'erano lastre, caverne e animali notturni, il mio amico chirurgo Renato De Angelis. «Ormai la scienza uno-due anni di vita li assicura a tutti, anche a quelli messi malissimo» aveva detto, e io avevo recepito quell'affermazione ma senza dargli troppo valore: stavo bene, ero in forma fisica perfetta, che mi fregava in fondo di chi stava malissimo? Mi facevano pena, certo, ma tutto finiva lì. Quel pomeriggio era diverso, mentre tornavo a casa. Avevo cambiato casacca e cavallo: ero passato tra coloro che non se la cavavano molto bene. Ma avevo comunque due anni di tempo per tornare a casa. *On the road* sull'autostrada del cancro.

Sono andato piano, facendomi superare dalle altre macchine, fermandomi al giallo dei semafori, lasciando che gli automobilisti in coda suonassero il clacson e poi mi guardassero torvi dopo che il verde era tornato a dare via libera. «Il solito cretino» sembrava dicessero. Avevano ragione: il solito cretino, così cretino da beccarsi un cavolo di tumore assassino al polmone.

Sono arrivato a casa e mi sono sdraiato sul divano del mio studio. Non sapevo ancora quante altre volte nei prossimi mesi avrei ripetuto quel gesto, sempre più stanco, sempre più esausto. Mi sono messo a guardare gli alberi nel piccolo appezzamento di terreno rimasto libero dalle costruzioni perché qualche funzionario delle Belle Arti è riuscito a trovare un pezzo di muro risalente all'epoca romana. L'artefatto è sepolto dalle erbacce, ma il terreno è salvo dalle ruspe. E io potevo godermi il balletto delle foglie e la tenerezza di quel verde appena nato sui rami degli alberi.

Avevo un grosso cerotto sulla vena del braccio destro e sapevo che la tripletta aveva iniziato il suo lavoro di distruzione. Ma non sentivo niente.

15

«Tranquillo, la prima volta non sentirai niente e non starai male» mi avevano detto sia Cortesi che Trinca. E così era stato. Anzi, visto che Barbara (prima che si aprisse la caverna nelle nostre vite, naturalmente) aveva deciso di regalarci una vacanza di quattro giorni in un albergo della Tunisia di cui le avevano magnificato le lodi, avevamo già prenotato camera e volo aereo.

«Potete andarci benissimo, non avete nulla di cui preoccuparvi. La prima volta della chemio va tutto liscio come l'olio, le complicazioni semmai arrivano con la seconda somministrazione. Anzi, è un'ottima cosa, godetevi la vacanza e soprattutto tu, Pietro, vivi questi giorni normalmente, come se non fosse accaduto niente. È la cura migliore. Vita normale, distensione, pensieri positivi. Fai esattamente ciò che facevi prima.» Questo qui mi prende per il sedere, ho pensato.

Così, con la benedizione di Cortesi e con la prima pozione di veleno nelle vene, siamo partiti.

A Fiumicino, al controllo bagagli, io e Barbara abbiamo scelto due file differenti. Io me la sono sbrigata prima. Ho aspettato che Barbara superasse il metal detector e l'ho vista venire raggiante verso di me. Mi ha baciato, platealmente, e io l'ho guardata come a dire: «Beh, che succede?». Alla mia domanda muta, ha risposto felice: «Ho fatto una scommessa: se passa prima lui vuol dire che guarisce».

Dio solo sa quante altre volte, il sottoscritto, lei, mia figlia, alcuni amici e altre persone che mi vogliono bene e nemmeno io immagino quanto, hanno fatto la stessa cosa, scommesso sul caso o sui numeri. Lo so, è roba infantile, come i fioretti scritti a mano che da ragazzi bruciavamo nel cortile del Collegio san Giuseppe a piazza di Spagna l'8 maggio, festa della Madonna. Magari una cosa anche un po' pagana, e mi perdonino i miei *frères* di allora, che mi hanno insegnato la religione e l'italiano, la costruzione aristotelica e quella geometrica, e che mi hanno inculcato la moralità che ha regolato tutta la mia vita.

Infantile o pagano che sia, anche questi giochetti aiutano la speranza e fanno bene alla determinazione. E di conseguenza aiutano a vivere. Segnali, avvertimenti, tracce, linee, numeri. Anche le cose che in certi momenti del nostro cammino non trovano una spiegazione logica o un loro posto esatto hanno dignità di esistere. E magari un giorno, da qualche altra parte meno confusa e tormentata di questa, capiremo qual era la ragione di tutto. Ammesso che ci interesserà ancora conoscerla.

Alla Residence, un magnifico albergo sulle spiagge della Tunisia, accolti e serviti come re (noi come tutti gli altri), abbiamo passato quattro giorni magnifici. Barbara stesa al sole come una lucertola e io vicino a lei protetto da un ombrellone. Siamo stati bene, per quanto si possa star bene in quella situazione. Abbiamo riposato, letto, chiacchierato, passeggiato, mangiato di gusto cibi piccanti e spezie arabe, e qualche volta perfino riso. Insomma ce la siamo goduta.

È stata l'ultima volta.

Il mio corpo rispondeva ancora perfettamente ai segnali che il mio cervello inviava. Potevo camminare sulla spiaggia senza che mi venisse il fiatone, mettermi in costume senza dovermi vergognare delle gambe smagrite, bianchicce e glabre, andare a cena la sera e gustarmi i cibi e il vino senza il sapore di petrolio in bocca. Cose normali, direte voi. Che Dio vi benedica e vi conservi la salute fino all'ultimo giorno di vita, perché normalità è un termine vago, sottile, inadeguato alle svolte del caso. Un termine che può essere travolto da un minuto all'altro.

In quell'albergo c'erano pure Alessia Marcuzzi e suo figlio, insieme a un'amica di lei e un altro ragazzino. Mi sta molto simpatica Alessia. La conosco da una decina d'anni e l'ho sempre trovata intelligente, divertente e in gamba sul lavoro. Lei non si trova bella e pensa di essere piena di difetti fisici. In una parola, si ritiene una donna sghemba, picassiana, non so se riesco a farmi capire. Io invece trovo che quelle che

Alessia ritiene mancanze fisiche o difetti del suo corpo siano il segnale più luminoso della sua bellezza. Comunque sia, era un piacere per gli occhi (e non solo miei) vederla camminare avanti e indietro su quella spiaggia tunisina. Anche mia moglie era d'accordo con me.

Con Alessia, senza che lei potesse sospettare nulla, è iniziato il tormentone che mi avrebbe accompagnato nelle settimane seguenti: dirlo o non dirlo ai miei amici e ai conoscenti? Far sapere che avevo il cancro o tenere tutto nascosto? Non è una decisione facile. E prendere l'una o l'altra strada presuppone che dentro la tua testa si sia svolta una lunga discussione e una tesi sia prevalsa sull'altra. Ad Alessia non ho detto niente. E ho fatto bene. Ammorbare un amico in vacanza con un problema del genere non equivale proprio a fargli un regalo. Quella spiaggia e quell'albergo non meritavano di essere insozzati dalla cacca di pipistrello.

Mentre Barbara prendeva il sole, io guardavo il mare come ho sempre fatto fin da bambino. Il mare m'incanta: per molti anni è stato il mio elemento preferito. Non posso dire che ho imparato prima a nuotare che a parlare, ma credo che le due cose siano avvenute quasi in contemporanea. Per i ragazzi di Palermo, come immagino per gli adolescenti di ogni altra città di mare, il pianeta liquido è un mondo naturale come quello fatto di crosta terrestre. Ho nuotato per tutta la vita (fino al giorno prima della scoperta del tumore facevo cento vasche in piscina per quattro giorni alla settimana), ho praticato la pesca subacquea in apnea e con le bombole fino a quarant'anni e conosco tutti i venti marini che il Creatore ha pensato, inventato e scaraventato sulla Terra. Ho pescato le sogliole con la fiocina davanti al moletto del golfo di Mondello, e ho visto gli ultimi dentici nuotare a dieci metri sul fondo vicino alla riva di capo Gallo. Ho guardato il gioco dei saraghi nel fondale grigiastro del porto canale di Mazara del Vallo e sorpreso col fucile le cernie di dieci e passa chili che avevano cercato rifugio sotto gli scogli dell'Aspra. A Panarea ho atteso, tenendomi a uno scoglio, il passaggio delle ricciole, i pesci più belli che abitano il Mediterraneo. Ho visto cose che oggi non sembrano credibili, ma le ho viste per davvero e non le ho più dimenticate.

In quei giorni guardavo il mare della Tunisia e continuavo a ripetere: prendi l'energia positiva del mare e falla entrare dentro di te, nella tua mente, nell'anima, nelle vene, nei centomila cunicoli del corpo. Lascia che scorra nel sangue e ti dia forza. L'energia è la vita intorno, è la vita eterna che esiste da sempre e che continuerà a esistere anche dopo di te. L'energia è la forza dell'universo, fatti aiutare da lei, dalla sua luce benefica. Prendi l'energia positiva che c'è nel mare... Ripetevo questa frase come un mantra, tenevo i palmi delle mani aperte e inspiravo forte, come se tutto ciò che era intorno a me, sul mare e sulla spiaggia e su quella antica terra africana, potesse scorrere nelle mie vene insieme al cisplatino, ai suoi veleni, ai suoi effetti devastanti che ancora non conoscevo. «Come stai?» mi chiedeva ogni tanto Barbara. «Bene» rispondevo. «Sto bene, e sono sicuro che tutto andrà bene.» Poi ricominciavo piano, silenziosamente: prendi l'energia positiva che c'è nel mare e falla entrare dentro di te... Anche questo, se volete, era un giochetto, uno di quei funambolismi della mente che mi hanno spinto ad andare avanti. Non me ne pento, non me ne sono mai pentito. Tutto ciò che poteva aiutarmi a superare il guado e a non affogare era un dono che mi veniva fatto e che io accettavo con allegrezza di cuore. Faceva bene anche al morale di Barbara e di Costanza, ne ero sicuro. E io volevo proteggerle più che potevo. Le avevo involontariamente fatte precipitare nel pozzo dell'angoscia, e adesso dovevo darmi da fare perché stessero meglio. Prendi l'energia positiva che c'è in questo mare nel quale hanno navigato anche le barche dei Fenici e falla entrare dentro di te...

Poi cercavo di immaginare il silenzio di mille anni sotto il quale gli antichi marinai avevano mosso i navigli, manovrato i remi e guardato le stelle nascondendo le loro paure di uomini.

Comunque la si rigiri è sempre la stessa storia, lo stesso sugo: la vita e il terrore di perderla. Mi sbaglio?

La seconda sera sono caduto in piscina, tutto vestito, come un fesso. Una di quelle piscine basse dove l'acqua ti arriva appena sopra le caviglie, intorno alla quale, nel patio grande, avevano apparecchiato i tavolini. Con le candele e i vasetti tunisini per gli intingoli e il peperoncino dolce.

Non me ne sono accorto, mi sono girato verso Barbara che mi seguiva, ho fatto due o tre passi all'indietro e ho sentito la terra mancarmi sotto i piedi. Ho perso l'equilibrio e mentre cadevo al rallentatore ho pensato: ma che cavolo sta succedendo?

Succedeva che ho fatto la figura del fesso e sono finito in acqua, che sarà stata pure bassa, ma io con una goffaggine estrema che non mi appartiene (o almeno non mi era mai appartenuta fino ad allora) ci sono finito fino al collo, inzuppandomi dalle scarpe alla camicia e tirandomi su tra le risate generali. Ho cercato di sorridere anch'io mentre avrei voluto sgozzarli tutti, e mi sono fatto riaccompagnare in stanza da Barbara che continuava a dire: «Ma come hai fatto?». A un certo punto volevo strozzare pure lei. Il peggio è stato quando siamo tornati nel ristorante e ho fatto finta di niente, anche se mi sentivo un vero e proprio imbecille. Il tutto aggravato da una signora inglese che aveva deciso, in un francese ridicolo, di raccontarci che la stessa cosa era accaduta al marito la sera prima, ma proprio la stessa cosa. «E così siamo in due ad aver fatto la figura dei coglioni, madame» le ho detto in italiano, e lei ha sorriso ebete perché non aveva capito, mentre Barbara la salutava e mi tirava via fino al nostro tavolo.

A parte questo incidente, sono stati quattro giorni sereni suggellati da un patto tacito tra me e il cameriere che ci caricava i bagagli sul taxi che ci avrebbe portato all'aeroporto. «*À la prochaine, monsieur*» ha detto. «*Bien sûr, à la prochaine*» ho risposto. E poi rivolto a Barbara: «È di buon augurio, non trovi?». Ancora i soliti giochetti che speri ti allunghino la vita. «Ci torneremo di sicuro. Sento che è così» mi ha risposto lei.

16

Ma la seconda volta è diverso. I primi effetti si cominciano a sentire. E alla terza ci sei dentro fino al collo. Mercoledì 3 giugno, torno a Villa Margherita per il secondo trattamento. E poi di nuovo mercoledì 10.

Arriva per prima la nausea. Forte, insistente, tenace. «Non è niente,» mi dicono le mie amiche «sapessi quello che ho provato io quando ero incinta.» Mi sento assediato da queste deliziose ragazze di cinquant'anni e passa, e tutte sembrano tornate indietro di quasi trent'anni, hanno il pancione e aspettano il primo figlio. Soffrono di nausee e quindi non menassi il torrone più di tanto perché di nausea non si muore.

Così mi dicono le mie amiche. Perché sì, alla fine ho deciso che era meglio dirlo di questo mio tumore, o cancro, o come volete chiamarlo. Ne ho parlato personalmente con tutti quelli ai quali voglio bene e che non mi andava di ingannare con atteggiamenti che sarebbero risultati incomprensibili e anche un po' insultanti. Ho pensato che se a un amico fosse capitato quanto è accaduto a me e lui non mi avesse raccontato nulla, io avrei avvertito una ferita dentro, un *vulnus* amicale. Un amico è uno al quale puoi raccontare tutto il bene e il male della tua vita, altrimenti che amico è? Con un amico ti puoi sfogare e puoi piangere senza dovertene vergognare. Anzi, non c'è niente di più bello di una debolezza condivisa con una persona alla quale vuoi bene. Strizziamo gli amici come limoni per giornate intere obbligandoli ad ascoltare i nostri sfoghi quando siamo giovani e soffriamo le pene dell'amore, ma poi, a mano a mano che cresciamo, gli amici veri sono sempre di meno.

In questo io sono stato sempre un uomo fortunato: ho avuto molti più amici di quanti meritavo e di quanti potevo godermene.

Qualcuno ha tradito e mi ha fatto molto soffrire e io, con il mio brutto carattere siciliano, l'ho cancellato per sempre. La maggior parte però sono ancora qui, vicino a me, come se tutti stessimo vivendo una lunga, lunghissima stagione della giovinezza dalla quale non riusciamo a separarci. Pene d'amore se ne vedono sempre meno o sono ormai finite. Ma amici sui quali contare ancora molti. E mai come in questa occasione ho potuto verificarlo di persona. Mia moglie mi dice: «Si vede che nella vita hai seminato bene». Mia figlia, che in questo mi somiglia come una fotocopia, è orgogliosa del suo papà. Gino non è rimasto solo, neanche un giorno. Mai. Ed è stato molto felice e rassicurato da questo. Non solo le mail di sconosciuti, ma gli amici di molte stagioni non l'hanno abbandonato.

Quindi l'ho detto a tutti coloro ai quali pensavo fosse giusto farlo sapere.

L'ho spiegato con calma, cercando di metterci dentro anche un po' di autoironia che non guasta mai. Naturalmente subito dopo aver ricevuto la notizia da me, i miei amici telefonavano a Barbara per farsi dare spiegazioni mediche. E conforto, perché non ci volevano credere. E così, tra quelli a cui ha dovuto dirlo lei stessa e quelli che volevano spiegazioni tecniche da lei, l'impatto emotivo maggiore l'ha subito mia moglie. Ho cominciato a vederla tesa, stanca, smagrita, a volte smarrita. "Spero che regga" ho pensato. A fatica, ma finora ha retto.

Adesso non mi metterò qui a fare l'elenco di tutte le persone che l'hanno saputo direttamente da me o da Barbara, perché mi sembrerebbe di mettere insieme la lista di chi c'era o non c'era a una festa. Non voglio vantarmi, ma dirigere giornali importanti per quasi tredici anni filati comporta, tra le molte altre cose, conoscere parecchie persone, anche note. Se non hai un buon equilibrio ti puoi montare la testa e trasformarti in un grandissimo stronzo, come direbbe Edmondo Berselli, un amico che purtroppo ci ha lasciati troppo presto.

A forza di frequentarle, con qualcuna di queste persone scopri delle affinità e ci diventi amico per davvero. Non vi faccio l'elenco della spesa. Magari i nomi verranno fuori nel corso del libro.

Come quello di Giovanni Minoli, con il quale sono andato a cena, insieme a mia moglie, la stessa sera in cui era uscito il primo articolo su Gino, il giorno dopo la prima chemioterapia. Era un appuntamento che avevamo preso già da due settimane, non potevamo disdire e comunque non ci andava. Giovanni e sua moglie Matilde Bernabei sono due persone a noi molto care. Purtroppo quella sera c'erano anche altre due coppie, e siamo andati a mangiare al ristorante siciliano che c'è proprio sotto palazzo Taverna.

Città vecchia, *rive droite*, zona bene di gente bene, strade di antiquari e piccoli ristorantini finto «charmosi» all'aperto. Molta confusione, molti venditori di rose rosse e kleenex di carta, alcuni chiromanti che sembrano usciti da una ballata di Guccini. Molti giovani, molte persone conosciute, molti stranieri con espressioni incantate (la notte romana fa di questi scherzi, e non solo ai foresti), qualche sciamannato dimenticato lì negli anni Settanta che si aggira con aria guappa o svampita, a seconda di come gli sta buttando la serata.

Giovanni mi fa i complimenti per l'articolo e per Gino, e inizia a sparare a zero contro la chemioterapia. «Se dovessi ammalarmi di cancro preferirei non fare niente, la chemioterapia mai» è l'esordio. «Ne ammazza più la chemio che la malattia. E li uccide lentamente, a poco a poco, cambiandogli prima i connotati e poi spegnendo la loro vita tra mille sofferenze. Hai mai visto un malato dopo che ha fatto la chemio? Il viso stravolto, gli occhi scavati, l'espressione di disperato abbandono del volto, l'odore del sudore, la stanchezza mortale? Meglio niente, nessuna cura, ma la chemio non la accetterei mai.» Non un solo dubbio lo attraversa mentre fa queste osservazioni.

Una delle altre due coppie gli dà ragione e porta a testimonianza un fratello di lei stroncato da un cancro a quarant'anni, dopo dodici mesi di ripetute sofferenze chemioterapiche. «Non lo riconoscevo nemmeno più, è stata una tortura per tutti, per lui e per noi che lo abbiamo visto spegnersi senza serenità» dice lei, e fa un gesto della mano come a cacciare visioni e ricordi. Confesso che non ho avuto il coraggio di chiedergli che tipo di tumore avesse il fratello e dove fosse localizzato.

Io e Barbara ci guardiamo e non sappiamo che fare. Come dire a Giovanni, davanti ad altri che conosciamo appena, che ventiquattro ore prima avevo iniziato il primo ciclo? Ero ancora, come ho tentato di spiegare, nella fase dell'eroe che va a combattere il drago tutto solo, armato del suo coraggio. Ma devo confessare che le parole di Giovanni mi hanno bloccato l'appetito e messo addosso una forte inquietudine. Barbara ha cercato di spiegare: «Forse però bisogna trovarsi nella condizione di malato di cancro prima di decidere in maniera così netta di rinunciare all'unica cosa che può salvarti la vita, visto che operare non ti puoi operare. E comunque molto spesso, per non dire sempre, qualche ciclo di chemio si fa anche dopo le operazioni meglio riuscite. Perché con i tumori le recidive possono sempre arrivare...». Niente, non c'è stato niente da fare: Giovanni era sicuro del fatto suo e ha continuato a insistere con la sua tesi, infarcendola di esempi e significati anche morali. Chi lo conosce sa quanto sia intelligente e come usi la dialettica con la precisione disarmante del cartesiano. Conclusione: al ritorno a casa, in macchina, ho chiesto a Barbara: «E se avesse ragione lui?» perché niente più del dubbio si insinua nel cuore di un guerriero. E in fondo io stesso non sapevo quanto acciaio c'era nella mia armatura e quanta cartapesta. «No, credo di no» mi ha risposto Barbara. «Penso che stiamo facendo la cosa giusta. Non dobbiamo lasciarci travolgere dai dubbi, sarebbe un disastro. Andiamo avanti così.» Aveva ragione lei, come al solito.

Quando abbiamo potuto raccontare a Giovanni la verità, qualche giorno dopo, non sapeva come scusarsi ed era francamente imbarazzato. Ma siamo così amici che non c'è stato bisogno di altre spiegazioni. Non ne abbiamo più parlato e sono sicuro che lui la pensa ancora come quella sera. Ma mi stima e ha accettato la mia decisione. Matilde è stata fantastica: sono stato inserito di diritto nelle sue preghiere e ogni volta che ci vediamo si congeda dicendomi: «Stasera pregherò per te. Come ogni giorno». È importante, mai sottovalutare la forza e la dolcezza delle preghiere di quei fortunati che hanno il dono della fede. Anche per i non praticanti come me le preghiere conservano un senso di mistero e d'infinito che solo uno stupido accecato dai pregiudizi sottovaluterebbe. Contro i pipistrelli sicari, poi, non ci si può permettere di sottovalutare niente.

Dopo la nausea sono arrivate le prime diarree. E il vomito. E soprattutto la stanchezza fisica, la fiacchezza. Una cosa mai provata prima.

Quando ho deciso di scrivere questo libro sapevo che, arrivati a questo punto, parlarne sarebbe stata la cosa più imbarazzante e difficile. Ci sono alcune umiliazioni corporali che si possono magari condividere con gli amici, ma con lettori sconosciuti è assai più complicato. Come potevo non farlo?

Niente durante la chemio è normale. Qui non stiamo parlando di una diarrea o di una vomitata «normali», se si può dire così. Qui stiamo parlando di manifestazioni molto violente. Tutto nella fase chemioterapica lo è ed è terribilmente umiliante dal punto di vista fisico. Le diarree sono ripetute, le vomitate estenuanti, la nausea fastidiosa oltre ogni dire. Il senso di spossatezza non concepibile da una persona in salute.

Per tutta la vita, fino a cinquantacinque anni, sono stato forte, sano, agile, perfettamente in pace e in armonia con il mio corpo. Dopo il tumore alla prostata, superato fin troppo facilmente, e qualche problema di pressione, sono entrate nelle mie giornate alcune pillole (mai preso niente prima) e alcune attenzioni al cibo e allo stress.

Non ero quindi una persona allenata alla malattia e alle sue esigenze. Non avevo periodi di sofferenza alle spalle, né dolori che mi avevano straziato i giorni o cambiato il carattere. Mai avuto problemi con il fegato, i reni, la schiena, le vertebre, i calcoli e qualunque altra cosa fetida che offende il corpo e la vita. Non avevo mai avuto problemi seri di salute, questa è la verità. Una vita magnifica, se ci ripenso oggi, ma naturalmente non me ne rendevo conto fino in fondo. Era un regalo, non ci avevo messo niente di mio. Troppo facile, davo tutto per scontato. Nuoto, golf, lunghe passeggiate. Buone letture, buone cene, buoni vini, preferibilmente rossi, chiacchiere allegre, compagnie intelligenti. Dimenticavo: niente fumo. Che ironia, vero, per uno che adesso combatte come un lupo affamato contro un cancro al polmone.

Quindi, abituato al benessere fisico forse esagero nell'aumentare le nausee, o negli sbalordimenti per le vomitate e le diarree. Ma io solo so cosa sono state, per cui dobbiamo giocare a fidarci reciprocamente. Dove di certo non ho esagerato è nella fiacchezza che certi giorni mi prendeva e mi lasciava senza forze. Alla fine di luglio è stato il segnale più preoccupante di tutti. Ma ne riparleremo presto. Prima dobbiamo parlare dei capelli.

17

Sapete come siamo noi ragazzi con i capelli. Anche le ragazze in verità, ma qui parliamo di me. Non ho mai avuto molti capelli, né belli né fluenti, inoltre a trent'anni mi è venuta una nobilissima chierica curiale che dopo le prime afflizioni porto con grande dignità e una certa, inspiegabile, dose di allegria e ironia.

Ma pochi o molti che fossero, quelli erano i miei capelli e vi ero affezionato. In più non volevo il marchio del malato di tumore: una cosa è dirlo ai propri amici e venirne confortato, un'altra sbandierare al mondo che hai il cancro, e quindi l'infamia della morte che ti cammina accanto come un'ombra che ogni giorno si va allargando e incupendo.

Già lo sapevo. Chi non sa che il primo segnale esterno che stai facendo la chemioterapia è la caduta dei capelli? Ma anche qui, una cosa è saperlo, un'altra è viverlo sulla propria testa, quella che da sempre ti porti dietro, magari anche con un certo orgoglio.

M'era capitato, camminando per strada, di incontrare uomini con i crani rasati, ma non rasati come quello di Yul Brynner o Bruce Willis, non rasati per scelta, non per essere fichi, non quei crani lucidi e abbronzati che è un piacere guardarli e che affascinano le donne, altrimenti non si capirebbero tante cose.

No, niente a che vedere con questo. Qui stiamo parlando di altro. Crani bianchicci come fondi di conchiglie avariate che sanno di malattia a un chilometro di distanza. Gli altri non possono non accorgersene. Tu per primo non puoi non accorgertene. E ne sei mortificato.

È peggio per le donne e i bambini.

Sui piccoli poi è straziante, un'ingiustizia universale. Una cosa che ti fa gridare di rabbia sorda perché non può esistere un essere tanto crudele da permettere che si infierisca sui bambini. «Un bambino invalido» ha scritto Marguerite Yourcenar «è uno dei trentatré nomi di Dio.» Se questo è vero, Dio permette che si bestemmi il suo nome.

In questi mesi ne ho incontrati alcuni, accompagnati dalla mamma o dal papà, aggirarsi per i corridoi di cliniche e ospedali. Con il cappellino di Charlie Brown in testa, messo un po' di sbieco, a nascondere la lucentezza della testa priva di capelli, e luccicanti scarpe da ginnastica ai piedi. Qualche volta ho abbassato gli occhi perché avevo paura di commuovermi a incontrare quelli dei bambini malati e i desolati pozzi di disorientamento che nascondono. O guardavo le facce dei genitori, e mi immaginavo al loro posto. Io e Costanza, la mia bambina ferita fino a quel punto: l'orrore casalingo. Mi sono chiesto dove trovano la forza per andare avanti, per non crollare, per non farla finita. Mi sono chiesto come fanno quelli tra di loro che hanno la fede a non perderla in uno di quei corridoi, tra le flebo e le irradiazioni che avvelenano le loro creature. E naturalmente ho pensato che se possiedi la fede vera, quella non la perdi perché altrimenti staremmo qui a parlare di un'altra cosa. Ma con o senza fede, ho pensato una, cento, mille volte, che solo un Dio che ha scordato la *pietas* e la giustizia può permettere simili orrori. Ci sono dimenticanze e cancellazioni nella mente di Dio che io non so spiegare e non posso accettare. Quei bambini li ho visti camminare nei corridoi, e nella totale incoerenza dell'uomo che vorrebbe amare Dio ma non ha fede, ho pregato per quelle creature e per i loro genitori. Sì, non mi vergogno a dirlo. Vedendoli passare mentre stavo seduto in una di quelle panche senz'anima di cliniche e ospedali, ho chiuso gli occhi e ho recitato le mie preghiere. Dico «mie» perché erano chiacchiere e richieste incoerenti e anche un tantino arroganti. Non pregavo con fede ma con insolenza.

Le mie preghiere non sono come quelle dei bambini, che vanno dritte dritte al cielo secondo la credenza popolare, né le implorazioni delle anime semplici. «Beati i poveri di spirito, perché di essi sarà il regno dei cieli» ha detto il Cristo nel più bel discorso mai pronunciato da un uomo su questa Terra. Io non sono un bambino, e non sono nemmeno un semplice di spirito. Anzi, se c'è uno complicato, quello sono io. Le mie preghiere devono faticare parecchio per arrivare lì dove sono dirette, da qualche parte. Ammesso che alla fine ci arrivino.

Una mattina ho fatto due passi a piedi, ancora potevo farli senza avere il fiatone. Ho preso l'autobus, il 52 per l'esattezza, che è una cosa che non faccio mai, e sono andato in centro. Poche fermate per arrivare nella mia barberia storica, che si chiama Da Peppino, in via della Vite dove lavora Piero. Come cambiano i posti, anche quelli più familiari, a seconda del tuo stato di salute!

M'ero fatto coraggio. «Piero, taglia i capelli più che puoi, che tanto fra poco mi cadranno tutti» gli ho detto. Mi ha guardato e non ha detto nulla. Dopo un poco che trafficava ha sussurrato piano, perché non voleva che nessun altro sentisse: «Mi dispiace, direttore, mi dispiace moltissimo». Ho alzato gli occhi dal giornale e ho sentito il bisogno di fare il duro. Una stupidata, lo so, ma è così che è andata: «Non fare il sentimentale, taglia e basta». Non c'è stato niente da fare, alla fine, dopo che Nella s'era occupata delle unghie dei miei piedi e delle mie mani, come fa da molti anni, al momento di pagare il conto Piero mi ha abbracciato. «Finiscila, che non sono ancora morto» ho detto. Ma quando sono uscito ero commosso. Ho lasciato perdere l'autobus e sono salito su un taxi. «Faccia la strada dentro Villa Borghese, che è bellissima» ho chiesto.

Su quella strada c'è una piccola costruzione ottocentesca oggi trasformata in museo, che sul davanti ha quattro leoni-sfinge in pietra. Una volta una delle mie segretarie preferite, Carolina, mi ha detto che quando era piccola il padre diceva a lei e alla sorella: «Usciamo che oggi vi porto a vedere i leoni» e loro tutte contente pensavano che sarebbero andate allo zoo a vedere gli animali feroci. Invece il padre le portava davanti ai quattro leoni-sfinge: non costava niente e le aiutava, così ripeteva alle due figlie, ad alimentare la loro immaginazione. Ogni volta che passo davanti a quelle bestie imprigionate nella pietra, penso a Carolina e ai milioni di destini che differenziano gli abitanti di questo pianeta. Ci sono i ragazzi che fanno i capricci perché non vogliono andare allo zoo e chiedono petulanti il palloncino a forma di delfino azzurro o di pesce rosso, e quelli che sognano di andare allo zoo e rimangono impietriti davanti a finti leoni di pietra.

Nei giorni seguenti i pochi capelli cortissimi rimasti hanno cominciato a cadere con la sistematicità delle cambiali. Un giorno mi sono fatto coraggio e ho cercato di strappare un po' di quelli radi rimasti sulla tempia destra. Cercato di strappare? Ho detto proprio così? Praticamente sono venuti via subito, appena ho accennato a tirare. Un bel ciuffo mi è rimasto in mano. Li ho guardati. Erano tutti grigi. Mio Dio, non m'ero mai accorto di avere i capelli grigi, non so perché ma li vedevo chiari, biondastri, castano scuro, fate voi. Non certo grigi. Mi sono messo gli occhiali e sono tornato a guardarli. Non c'era niente da fare: grigi, irrimediabilmente grigi. Li ho gettati nel water e ho tirato l'acqua. Hanno gorgogliato un attimo come a brontolare qualcosa e sono spariti. Mi sono guardato di nuovo allo specchio e ho visto quella testa spelacchiata a cui erano rimasti attaccati solo pochi peli. Non ero completamente calvo ma non avevo più capelli. Ero un uomo invecchiato improvvisamente che si osservava spaventato in uno specchio furfante che aveva conosciuto momenti migliori. Non so chi l'ha detto ma aveva ragione: mai fidarsi degli specchi, sono per natura ingannevoli e traditori. E non sai mai cosa nascondono dietro.

È stato allora che l'ho visto. Un attimo prima di voltarmi e uscire dalla visuale. È stato un momento, un battito di cuore, un secondo, un niente. Ho visto il nonno Antonio, il padre di mia madre, che mi guardava con tenerezza da quello specchio. Proprio lui, il nonno, l'uomo che ho più amato al mondo e al quale devo la più grande riconoscenza. È stato lui a insegnarmi come ci si deve comportare nella vita, quali sono le cose che contano e i sentimenti che bisogna coltivare. Il nonno mi è apparso per un istante come a ricordarmi qualcosa. Avevo appena distolto gli occhi ed eccolo là, di sbieco. Ho riguardato, ma era scomparso. Ho provato un tuffo al cuore: erano molti anni che non lo sognavo neanche.

Ho fissato ancora lo specchio e ho capito. Ero io il nonno. Pelato e impaurito, calvo e smagrito, gli somigliavo così tanto che mi sono tornati in mente gli ultimi giorni della sua vita, nell'autunno del 1969. Un milione di anni fa. Ho provato un momento di vertigine, ma ero felice di somigliare al nonno Antonio. Mi sono osservato bene, con attenzione, ho tirato le guance, aggiustato la pappagorgia (una novità dell'ultimo mese), mi sono dato una sistematina e ho cercato di sorridere.

Era importante farlo come il nonno Antonio. Lui aveva un sorriso dolcissimo che ancora posso ritrovare in alcune fotografie ingiallite. Un bel disegno di bocca e un'espressione molto dolce e complice.

Avrei dovuto faticare un po' per sorridere come lui. Però non subito, non lì, non allora, non su quello specchio. Bisognava meritarselo quel sorriso d'altri tempi. Sarebbe stato un furto ritrovarselo in dote senza faticare. Ho salutato lo specchio con un cenno della mano e una cosa ibrida fra un mezzo sorriso e un mezzo ghigno. Di meglio non ho saputo fare.

In due settimane, i capelli sono caduti. Tutti, fino all'ultimo pelo, peletto, pelacchio. C'era rimasto solo un pelino biondo e lungo che spuntava da dietro l'orecchio destro. Stava dritto come un corazziere e faceva impressione. Dio solo sa com'era sopravvissuto a quella distruzione. L'ho tagliato con le forbicine. E con una certa soddisfazione.

Ho preso la mia decisione senza rifletterci sopra più di tanto. Ho deciso che anche in questo caso era meglio confessare pubblicamente. Come agli amici avevo detto che avevo preso un brutto cancro, così ho fatto con la caduta dei capelli. Subito, fin dal primo giorno, sono uscito a testa alta e capo scoperto, con il cranio di un uomo malato privo di capelli, con quel colore grigiastro che fa schifo ed è inconfondibile. Camminavo per strada e guardavo di sottecchi gli altri che di sottecchi guardavano me. Alcuni giravano subito la testa dall'altra parte, penso i più sensibili, per non imbarazzarti. I più beceri, che sono sempre la maggioranza, ti fissavano sfacciatamente e poi con calma guardavano altrove: davvero penso che non gliene fregasse nulla, il cancro è un tuo problema, non loro.

L'unica cosa che mi ha chiesto mia moglie è stata: «Quando esci mettiti questa crema in testa, ci manca solo l'insolazione». «Ma di sole ne posso prendere poco e niente, hanno detto i medici» ho provato a rispondere. «Con te non si sa mai» ha chiuso il discorso.

Una sera sono andato fuori a cena con Barbara e ho chiesto alle mie amiche Lorenza Foschini e Rita Pinci di venire con noi. Siamo andati a mangiare al ristorante sul fiume del Circolo Canottieri Aniene.

L'Aniene è un luogo adorabile durante tutto il giorno, pieno anche di simpatici fancazzisti come tutti i circoli del mondo, ma in due momenti supera se stesso. Al tramonto e la sera. Al tramonto, per godertelo, devi stare seduto sulla terrazza e guardare il fiume che scorre placido davanti a te in un carnevale immaginario di alberi e cespugli che si parlano tra loro tra una riva e l'altra. È un momento di quiete assoluta, raro in questa città. La sera, il ristorante sotto i pini diventa un luogo magico. Niente venditori ambulanti e suonatori stonati, turisti rumorosi o ronzio del traffico. Si mangia bene e si può chiacchierare tranquillamente nella penombra della notte.

Quella sera, a un certo punto, Lorenza mi dice: «Ma lo sai che sei più interessante così che con quei pochi capelli che avevi in testa?». Mi carezzo con il palmo aperto della mano quel cranio bianchiccio che non mi appartiene e dico: «Piantala». «No, ti sbagli, lo penso sul serio» continua Lorenza testarda. Vere o false che siano, ci sono cose che aiutano comunque.

È successo anche con Claudia Tamietti, altra mia amica insieme al marito Paolo, il cui cognome da ragazza è Bellachioma, e quindi si suppone sappia di cosa parla quando si discute di capocce e pelame. Anche per lei sono diventato più fico. Piccoli trionfi tra le mie amiche che fanno bene al mio equilibrio.

Anche la presenza di Denise Pardo, una delle mie amiche del cuore, con la quale mi sento più volte durante la settimana, mi fa stare bene. Quando lavoravo all'«Espresso» era a lei che spiegavo le mie pene d'amore per Barbara, che all'epoca di me non ne voleva proprio sapere. E la obbligavo a fare avanti e indietro per tutte le strade limitrofe a via Po parlando e riparlando di Barbara, di quello che aveva detto e come l'aveva detto e che tono aveva usato, comportandomi peggio di un adolescente insicuro e foruncoloso e costringendola a inauditi giochi di pazienza e d'amor fraterno per non mandarmi a quel paese. Un pomeriggio Denise è venuta per vedermi e per dirmi che i capelli non contano niente e che anzi a saperlo prima mi avrebbe chiesto lei di radermi a zero perché così sto proprio bene, ma che dico bene, benissimo.

Insomma sembra che il Pietro di prima era una schifezza per colpa di quei quattro peli in testa. Bruciati quelli dalla chemio è nato un tipo pazzesco che avrà la sua età, ma che può ancora dire la sua in fatto di fascino. Va bene tutto, qualunque cosa aiuti a tirare avanti.

E poi c'è stata Margherita, la mia nipotina bellissima di sette anni. Una vera sagoma. Una sera che con Barbara eravamo andati a cena da Antonella e Carlo, i miei cognati, mi ha preso per mano e mi ha portato in camera sua. Sapete qual è la sensazione fantastica di essere portati per mano da un bambino? È come entrare dalla porta principale nel paese di Alice, pieni di buoni acquisto gratis.

Siamo arrivati nella sua camera e Margherita ha socchiuso la porta. Ho capito che era un affare privato fra me e lei. Ha alzato la testa per guardarmi bene in faccia e, facendo un sorriso bello come un giorno d'estate, se n'è uscita: «Zio Pietro, ma sei bellissimo così senza capelli!». Sapevo che non stava mentendo, lei mi vedeva davvero così: con quel cranio bitorzoluto e bianco ma bellissimo. Mi si è scaldato il cuore e ringraziandola l'ho abbracciata forte.

Circa un mese dopo, una sera di luglio e di stelle cittadine, ho sognato di essere Jubecca (o Chewbecca, se preferite la versione originale), una specie di leone gigantesco tutto ricoperto di peli che fa parte della saga di *Guerre stellari*. Mi sono sognato esattamente così, come Jubecca, senza una pur minuscola porzione del corpo che non fosse ricoperta di pelame fitto e setoso. Tutta la vita avevo desiderato essere glabro e adesso che lo ero diventato a forza di inghiottire veleni, sognavo peli e pelame sparso. Tutta la vita avevo desiderato avere più capelli in testa e meno peli che spuntavano dal naso o dalle orecchie, e sopracciglia meno folte, e adesso che ero stato finalmente esaudito mi stordivo con Orfeo vedendomi come Jubecca. Ma c'è qualcosa di ragionevole in questo nostro mondo meraviglioso?

18

A forza di girarci intorno ci siamo arrivati. Alla notte più brutta della mia vita. È il 18 giugno, giovedì. Il giorno prima ho fatto il quarto trattamento. Nessuna premonizione, nessun avvertimento, nessun segnale che stavo per traversare l'inferno. Niente di niente. Nei giorni seguenti i medici mi hanno spiegato che non c'era nulla di anormale in quello che m'era accaduto. Avevo avuto solo una crisi più forte delle altre. La normalità dei medici a volte mi sgomenta.

L'unica maniera per cercare di spiegare cosa è successo è descrivere terra-terra quello che ho passato. E per terra-terra intendo con parole semplici e magari, senza volerlo, qualche particolare di troppo. Ma come sapete, è nei particolari che si nasconde il diavolo. E di diavoli, quella notte, ne ho incontrati parecchi. Posso assicurarvelo: fanno paura e fanno molto male, ma se combatti e non ti arrendi, non vincono. Si arrabbiano moltissimo e strillano ancora più forte. Ma non vincono.

Mi sono svegliato all'una e mezzo. Ho guardato i numeri della radiosveglia riflessi sul soffitto: 01,33. A svegliarmi è stato un forte dolore al colon. Per molti anni io il colon neppure sapevo esattamente dove stava. Quella notte ho imparato a localizzarlo con precisione chirurgica. Un forte dolore al colon mi ha tirato giù dal letto. Un attacco di diarrea, ho pensato subito. Non era il primo, non sarebbe stato l'ultimo. Solo che questa volta era diverso perché lo precedeva un dolore insistente, un bruciore forte, un senso penetrante di nausea.

Dal letto al mio bagno ci sono esattamente (li ho misurati dopo quella notte) venti passi. Venti piccoli passi da compiere per arrivarci. Dall'una e trenta alle sei e trenta del mattino, per cinque ore filate, sono diventati più lunghi e pesanti del cammino sul Golgota.

Quello che più mi ha colpito delle cose, definite normali, come appunto alzarsi dal letto con dolori al ventre, fare ciò che devi e tornartene a dormire, è che io quella notte per cinque interminabili ore non sono più riuscito a tornare a letto. Facevo tre passi, otto passi, undici passi e subito dovevo tornare di corsa in bagno, sfinito, stravolto, impietrito dal dolore. E ricominciare da capo. Ma non sono più riuscito a sdraiarmi nel letto.

Scusate i particolari, scusatemi per tutto quello che racconterò in questo capitolo, ma le cose non sono andate come erano andate tutte le altre volte in casi più o meno simili.

Parafrasando per la seconda volta Gertrude Stein potrei scrivere che una diarrea è una diarrea è una diarrea (mi perdoneranno le rose). Quella notte no. Quella notte del 18 giugno 2009 la diarrea era tormentosa e lunga, molto dolorosa, e mi faceva stare piegato mentre ero seduto sul water. Si può essere seduti e piegati allo stesso tempo? Prima non ci avevo mai pensato, oggi so che si può.

Il dolore: ecco cosa c'era di assolutamente insolito. Non era il dolore o il forte fastidio che precedono le scariche di diarrea. Era un dolore sordo, tenace, insistente sul colon. Mi massaggiavo tutta la parte, da sinistra a destra, ma non accennava a smettere. Anzi aumentava a mano a mano che i minuti passavano. Aumentava e mi faceva un male boia e io mi dicevo: "Devo chiamare Barbara e farmi portare al pronto soccorso" ma poi l'idea di svegliarla e spaventarla mi faceva desistere. Mi bloccava, diciamo la verità fino in fondo, anche il particolare che non ce l'avrei fatta a mettermi un paio di pantaloni e una camicia, prendere l'ascensore, salire in macchina e arrivare indenne al pronto soccorso più vicino. Così rimanevo a contorcermi sulla tazza e ad aspettare la scarica liberatoria.

Che arrivava, per carità, a un certo punto arrivava, ma non era una scarica e non era liberatoria per niente. Era un lento tracimare infuocato. La cosa più simile che mi veniva in mente era la colata della lava di un vulcano. Immagine un po' truculenta, lo so, ma la più veritiera possibile.

Appena finito, il dolore al colon ricominciava, più sordo di prima, più violento se possibile, e io iniziavo di nuovo a massaggiarmi e a pregare perché quello strazio si interrompesse il tempo di farmi sdraiare qualche minuto e riposarmi un poco. Tiravo lo scarico dell'acqua e rimanevo seduto. Sudavo, avevo il respiro affannato. Continuavo a sudare. Quel cranio senza un pelo sudava come dentro una sauna. Sentivo il cuore che mi batteva forte. Inspiravo a grandi boccate.

A un certo punto ho aperto la finestra accanto a me. È entrata la notte di fine giugno con i suoi rumori e i suoi odori. Gli antichi poeti arabi dicevano che gli odori della notte sono almeno sette, tutti diversi. La notte romana. Per un attimo ho avuto la sensazione di sollievo che mi aspettavo. Il rumore di una macchina lontana, che sgommava su viale Parioli, un'altra che accelerava su viale Tiziano. O da qualche parte laggiù, dove le persone facevano cose normali e si comportavano come sempre, senza dare granché importanza alla ripetitività banale dei loro gesti quotidiani: che pazzi a non capire quanto può essere bello ripetere banalmente un cambio di marcia o rispondere a una domanda di chi ti sta seduto in macchina accanto senza provare dolore in nessuna parte del corpo. Gente che guidava, musica di sottofondo, pensieri in libertà, ragazzi che andavano a casa a fare l'amore, amori nati magari quella sera, tutti gasati e giustamente felici. Quante volte era capitata a me la stessa cosa! Quante volte negli anni passati avevo traversato la notte romana a bordo di una macchina con dentro una bella figliola e mai, dico mai, una sola volta avevo pensato che c'era qualcuno da qualche parte, dietro una finestra aperta, seduto sul water a soffrire le pene dell'inferno per un trattamento di chemioterapia. Volavano i platani sul Lungotevere nella notte scura, piena di promesse e di canzoni, e non passavano mai i minuti su quel cesso che era diventato una camera di tortura.

L'oncologo si era raccomandato: dopo ogni diarrea, prendere una pillola di Imodium. A me, che da sempre sono di una normalità portentosa in queste faccende, ne bastava una sola di quelle pillole per tenermi bloccato tre giorni. La mattina dopo Barbara ha fatto il calcolo. In cinque ore ne avevo ingurgitate quattordici!

Poi sono cominciate le nausee e il vomito. Ho iniziato a vomitare in maniera violenta, così violenta come non m'era mai capitato. Dopo le prime due volte ho pensato: bene, è finita, cos'altro avrò da tirar fuori dallo stomaco?

Non era finita affatto. E avevo molto altro dentro quelle viscere avvelenate dal cisplatino. Tra una diarrea e l'altra venivo assalito da ondate prepotenti di nausea, mi alzavo in piedi e vomitavo nella tazza come non avevo fatto mai. Mi sentivo profondamente umiliato da tutta quella rivoluzione corporea. Umiliato, annichilito, avvilito, sfranto.

Sudavo, vomitavo, scaricavo lo stomaco e mi bruciava il colon. Facevo una cosa per volta. Succedeva tutto con un certo ordine, direi. Avevo una sorta di vigile interno che regolava, posso dire così?, il traffico. A un certo punto però il vigile è smontato dal servizio. Capita. Anche a piazza Venezia a una certa ora non ci sono più vigili e gli automobilisti si devono arrangiare.

Il mio vigile interno è smontato senza avvertire ed è scoppiato il finimondo. Fino ad allora, credetemi, era stata una passeggiata di salute. Magari esagero, proprio una passeggiata di salute no, ma le complicazioni vere stavano per cominciare.

Fino ad allora non avevo mai nemmeno immaginato che ci si potesse, come dire, svuotare da più parti contemporaneamente. Ora so che è così. Ho imparato, a mie spese, che se le tue viscere sono violentate dalla chemioterapia e i veleni scatenano la loro samba tribale, può accadere di tutto. Puoi aver bisogno, per esempio, di evacuare la diarrea e contemporaneamente non riesci a trattenerti dal vomitare. Insieme. In assoluta e ineluttabile contemporaneità.

Se ci pensate non è un problema da poco.

A chi dare la precedenza? Quale bisogno soddisfare prima? Qualunque decisione prendiate, una parte delle vostre scorie rimarrà sul pavimento del bagno. Vi toccherà pulirla dopo, stremati da quanto state vivendo. Ma intanto devi prendere una decisione, e hai due, forse tre secondi di tempo. Di più non te ne viene concesso, perché le scorie stanno per tracimare.

Bisogna decidere e per due volte ho dovuto farlo. Ho vissuto una situazione che non avrei nemmeno immaginato.

Neanche la finestra aperta bastava più di fronte a quell'emergenza. Non bastava la notte romana e quel cielo scuro sopra la mia testa. Non bastavano i ricordi che per distrarmi riuscivo a tirar fuori con grande fatica dalla scatola magica del mio cervello. Ogni tanto passavano le nuvole color bambagia. Ricordate la bambagia dell'infanzia? È sempre uno spettacolo vedere correre le nuvole di notte, carezzare le stelle o giocare a nascondino con la luna. Ma non c'era nulla che bastava quella sera: né ragazze né pazzi amori finiti al mattino né canzoni che mi erano state nel cuore per decenni. Non bastava la vite americana che s'arrampicava sul muro ocra della terrazza e di giorno rifletteva con arroganza i colori rosso e giallo del sole. Non c'era niente che potesse lenire quella umiliante vergogna.

Verso le cinque ero stremato. Nel senso letterale del termine. La nausea s'era placata, la diarrea no. Cercavo di riposarmi con la testa poggiata tra le mani, ma il dolore al colon non dava tregua. Non riuscivo a capire cosa potesse farlo continuare, cosa diavolo mi urlasse dentro in questo modo intollerabile per uscire fuori. Non era stato sufficiente quello che avevo appena passato?

Non lo sapevo, ma ne avrei avuto ancora per un'ora e mezzo. Mi facevano male le cosce che tenevo appoggiate sulla tavola del water da molte ore, mi faceva male il sedere, avevo un gran dolore di testa, la gola secca e mi sentivo confuso e sfiancato come non mai.

Ma il dolore al colon ricominciava e la diarrea non finiva. Non c'era verso di uscire da quella trappola infernale.

Poi è accaduta una cosa bella, se posso dire così. Una cosa che mi ha dato grande soddisfazione.

Si stava facendo l'alba e tutto intorno si schiariva. Dalla finestra aperta vedevo la mia terrazza, il palazzo davanti, la grande magnolia fiorita di bianco, il volo dei gabbiani urlanti, il cielo che si prometteva azzurro. La notte più lunga della mia vita stava per finire. Adesso, in un modo o nell'altro, la vita si sarebbe risvegliata e qualcuno mi avrebbe tirato fuori dai guai. C'è sempre sentore di speranza all'alba.

Mi sono alzato e ho aperto il lavandino. Ho lasciato scorrere l'acqua e ho cominciato a bere tenendo aperto il palmo della mano destra. Come facevo da ragazzo dopo le partite di calcetto. Una fontanella e il benessere di aver corso, sudato, gioito, magari segnato qualche gol di cui riparlare fino a tardi con gli amici.

Ho bevuto a lungo e lasciato che l'acqua mi scorresse sulla guancia, a rinfrescarmi. Ho avvertito ancora dolore al colon, ma era più una fitta.

Ho alzato la faccia e mi sono guardato allo specchio. Non c'era il nonno Antonio questa volta a tenermi compagnia. Davanti a me c'era un vecchio segnato dal dolore e dalla fatica. Mi sono spaventato. Facevo paura. Non ero io. Era qualcuno che mi era sopravvissuto di almeno vent'anni e adesso stava lì, con gli occhi grandi, infossati e impauriti a guardarmi. Bianco come bianco non ero stato mai. Con la faccia magra che così magra non l'avevo avuta mai. Tirato che così tirato non ero mai riuscito nemmeno a immaginarmi.

E allora ho detto quella frase. Non ci ho pensato prima di dirla. M'è venuta fuori di getto, bella, pronta, forte, irruente, che non ammetteva repliche. Mi sono appoggiato sui palmi delle mani e ancora un po' chinato ho guardato quello sgorbio di uomo che mi guardava dallo specchio e ho detto: «Non mi avrete mai maledetti pipistrelli, mai. Io sono più forte di voi. Io non mi arrendo».

Sapevo che non era vero, o che comunque non potevo averne la certezza, ma devo confessare che è una delle cose di cui vado più fiero di tutto quel periodo. Ho reagito, ne ho trovato la forza, mi sono confortato da solo con un atto di coraggio personale.

Poi ho guardato per terra, ho sperato di non vomitare per lo schifo, e ho cominciato lentamente a pulire.

Alle sei e mezzo sono riuscito a ripercorrere quei venti passi e mi sono abbattuto sul letto con un senso di sollievo raramente provato prima. "Anche questa è passata" mi sono detto. Ma subito ho sentito una lama di malessere gelato al pensiero che potesse capitarmi di nuovo.

Fino a oggi non è mai più accaduto, almeno in forma tanto violenta.

Mia moglie si è svegliata, come ogni mattina, alle sette in punto.

Mi ha guardato e s'è spaventata. «Che è successo?» mi ha chiesto. Più o meno le ho spiegato la mia lunga notte. Ho pensato che c'era tempo per i particolari.

Un'ora dopo ero con lei a Villa Margherita. Abbiamo seguito la striscia gialla e siamo saliti al primo piano, stanza 127, solita procedura insomma. Ho pensato: «Adesso le chiedo dove portano le altre due strisce, quella bianca e quella rossa». Poi ho capito che non era il caso, mi avrebbe giustamente mandato a quel paese. Mi hanno trattenuto per quasi tutta la giornata. Mi hanno fatto flebo su flebo per tenermi su, per rimettermi in sesto, per combattere la disidratazione e altri fastidiosi contrattempi che la notte appena passata rischiava di procurarmi.

Sono tornato a casa, ho mangiucchiato quello che potevo e sono andato a letto. Prima di spegnere la luce ho pensato: "Mio Dio, fa che non mi svegli all'una e mezza, fa che possa dormire". Ho dormito fino alle quattro del mattino, ma quando ho aperto gli occhi non avevo dolori né nausee. Mi sono toccato il colon: era normale, non aveva niente di duro e non dava segni di vita. I diavoli s'erano acquietati. Forse erano andati a trovare un altro disgraziato che adesso stava seduto su un water a straziarsi l'anima e il corpo. Ho pregato per lui, e ho goduto della quiete delle mie viscere.

In ospedale avevano deciso di ridurre del venti per cento la somministrazione del cisplatino. Quella tripletta, avevano convenuto i medici, era troppo forte, il mio fisico non aveva retto.

Il fisico forse no, ma il morale sì. E in quel momento, mi sembrava la cosa più importante. Non mi ero arreso.

19

Una volta, la sera, si parlava d'amore. Lo ricordate bene anche voi. Non avete certo dimenticato quelle notti universali che, in qualunque stagione dell'anno, il caso o la perizia o la fortuna vi procuravano. Una ragazza, un tavolo di ristorante né troppo caro né troppo pretenzioso, una predisposizione d'animo appena venata dall'insolenza della gioventù, e una bottiglia di vino o di Coca-Cola. Non serviva molto altro. Anche per andare in bianco.

Se lei vi diceva garrula: «No grazie, non bevo», già la serata iniziava male. Se invece affermava: «No grazie, non bevo perché mi basta un bicchiere per andar via di testa», allora sapevate in anticipo che la serata era partita malissimo. Lei aveva confessato la sua debolezza e voi già a pensare: "Ma allora che ci sei venuta a fare stasera con me? Non era proprio per perdere la testa che sei uscita?".

In verità non capivamo molto delle ragazze, ed è per questo che abbiamo gettato via occasioni su occasioni con lo spreco guascone degli anni verdi. Non è che dopo siamo diventati più ganzi, solo appena più furbi. Abbiamo perso in audacia, ma guadagnato in saggezza. Si cresce, si cumulano esperienze, e quando arriva la stagione in cui avremmo la possibilità di aprire qualunque porta, perché finalmente ci è chiaro che non è di chiavistelli che si tratta ma di leggeri sussulti del cuore, ci accorgiamo che la terza età è vicina e il gioco non ci interessa più di tanto.

Ma in quegli anni, in quelle serate, sia che le cose finissero bene o che si tornasse a casa soli e scornati, non si faceva altro che parlare d'amore. Da non poterne più. Eravamo garruli, stupidamente sicuri, instancabili. Il piacere della chiacchiera era superiore a quello della realizzazione dei desideri. Amori belli e amori già finiti, fiori di serra o fiori marci, amori mancati per un pelo o acchiappati per puro caso, in ogni caso amori, amori, amori.

L'amore trionfava.

Anche quando si chiacchierava di libri letti o di film visti, si discuteva di ideologie (già, non avrete dimenticato che negli anni Sessanta e Settanta se ne ragionava molto e con passione) e ci si azzuffava per cose futili, come l'ingresso del Pci al governo, magari in appoggio esterno. In fondo non erano che diversivi verbali per parlare d'amore. Amavamo talmente Enrico Berlinguer che di lui si poteva parlare tranquillamente, perché era come parlare d'amore. Anzi, certe volte, anche meglio.

L'amore era al centro delle nostre vite.

Ho abitato per anni, da scapolo felice, in una casa che s'affacciava su un giardino d'arance amare, e posso giurare che certe sere di aprile e di maggio l'odore di quei fiori bianchi di zagara stordiva. Era amore anche quello. La casa stava proprio sotto al Gianicolo, e quando sparava il cannone di mezzogiorno, vicino alla statua di Garibaldi a cavallo, era come se quel pezzo d'artiglieria ce l'avessi in salotto o in cucina. La stanza da letto dava su un piccolo terrazzino che ospitava l'ulivo e il gelsomino, il basilico e la menta. A ogni tramonto c'era quell'odore sfiancante che gli aranci ti regalavano. La donna che abitava sotto di me e che era molto rumorosa quando faceva l'amore, e lo faceva quasi tutte le sere che Dio la benedica, raccoglieva le arance mature e ne ricavava deliziose marmellate, che poi mi regalava. A me e a pochi altri inquilini. Barattoli e speranze. Barattoli sempre finiti, speranze sempre rimaste speranze.

Giravano un sacco di belle ragazze in quel giardino di via della Lungara: Guya, Marta, Fausia, Patrizia, e soprattutto Francesca. Mi sembravano tutte così belle che stentavo a credere a quella miracolosa concentrazione di bellezza che batteva qualunque possibile statistica. Ancora oggi devo fare uno sforzo di memoria per crederci. Ma forse erano belli quegli anni giovanili, i nostri desideri ancora non appassiti, e la considerazione di essere felici.

Proprio così, una volta la sera si parlava d'amore.

Provate a pensarci oggi, e naturalmente non mi rivolgo ai giovani, ma a quelli della mia generazione. O giù di lì, cinquantenni compresi. Provate a pensare di cosa parlate la sera quando vi riunite in qualche casa, in un salotto o al ristorante.

Una volta, per svoltare la serata si andava a mangiare la pizza da Baffetto, dalle parti di piazza Navona. Pizza bassa e scrocchiarella (come piace ai romani, mentre io, che sono dell'impero del sud, la preferisco alta e soffice) servita su grandi piatti di latta. Allora come oggi si faceva la fila per entrare da Baffetto, ma chi se ne fregava a vent'anni? Le notti da giovani durano il doppio. Pizza, birra, sogni, e futuro. E poi giù a tirar tardi parlando d'amore.

Oggi, in quei ristoranti dove si va a passare una serata con gli amici, si aspetta con ansia la stagione dei tartufi. O degli ovoli. Per chiedere subito un piatto di quei deliziosi funghi bianchi con scaglie di parmigiano e stecchini di sedano. E tra un ovolo e l'altro, che la cosa vi possa far piacere o meno, di amore non parla più nessuno.

Mi sono spesso chiesto cosa ci saremmo detti allora davanti a una porzione di ovoli. Cosa ci saremmo detti di diverso io e Francesca, io e Fiora o Enrica, o Cristina o con quella delizia di Lucia, oppure con Renata per la quale nessun movimento del cuore era mai abbastanza. Niente, credo che non sarebbe cambiato niente. Avremmo continuato a parlare d'amore senza nemmeno accorgerci degli ovoli o dei tartufi. Avremmo continuato a bere il chianti Cecchi dai fiaschi o birra alla spina. Piccola, media o grande? Chiedeva il ragazzo al tavolo. Troppi problemi, troppe domande, porta quello che vuoi e lasciaci in pace che dobbiamo parlare d'amore.

Altre stagioni. Oggi, quando va bene, ci si occupa di prostata e by-pass, si sorvola elegantemente sul tumore e ci si avventa sull'ultimo articolo che racconta del nuovo piccolo robottino che ti opera senza sangue e senza rischi. Mentre le signore parlano di mammografia o pap test. E se il gruppo di amici è così fortunato da non essere implicato in prima persona in brutti malesseri o malattie, ci sono i genitori anziani che offrono casi clinici portentosi per passare una serata tra un'insalata di gamberi dolci e un flambé. Perché gli anziani, e quelli al di là dell'anzianità che sconfinano nella decrepitezza, vivono e lottano gagliardi insieme a noi. Perché noi siamo coloro che gli americani con la loro solita azzeccata sintesi di parole chiamano «la generazione sandwich». Cioè quei disgraziati arrivati all'età della pensione, che devono ancora accollarsi figli precari o disoccupati, e genitori moribondi ma arzilli. I nonni sono sopravvissuti a mille guerre quotidiane, e hanno superato i novant'anni, o ci stanno arrivando. Sono pieni di acciacchi e di malanni, hanno bisogno della badante perché non si vogliono spostare da casa ma, comunque la rigiriate, stanno ancora lì, vivi e bisognosi di attenzioni. E qualunque osso si rompano, femore compreso, superano tutto e continuano a pretendere pur ripetendo: «Se morissi non farei un soldo di danno, nessuno mi rimpiangerebbe». Se io mi rompessi il femore zoppicherei tutta la vita. Se capita a uno dei genitori dei miei amici, due mesi dopo se ne stanno, rilassati e contenti, a giocare a burraco. Avete notato quanti filippini e quante rumene sanno giocare a burraco? E da chi credete l'abbiano imparato?

Hanno la testa che funziona benissimo, ma non riescono più a muoversi, spesso perché non vogliono e si «allettano». Oppure il fisico ancora li aiuta ma la testa è partita, se n'è andata per i fatti suoi, e loro non sono più controllabili. Ogni tanto escono di casa da soli e allora scoppia il panico. Non so quale situazione sia peggiore per i figli. I figli sono quelli che hanno, più o meno, l'età mia e aspirerebbero a qualche stagione di tregua. Generazione sandwich? A Napoli la chiamerebbero in un altro modo, molto più colorito.

Comunque la vogliate mettere, abbiamo smesso di parlare d'amore. Comunque la pensiate, è un brutto segno.

20

Arriviamo a luglio. Quello del 2009 è afoso e terribile. Sono dentro fino al collo nella chemioterapia e un mercoledì dopo l'altro devo andare a Villa Margherita, sottopormi a controlli e ingurgitare la mia dose di veleni avvolti nella carta argentata.

C'è ancora il fiume azzurro dentro di me, e l'eroe che non teme avversari sta sempre a prua della barca pronta a entrare nella caverna dei pipistrelli sicari. Solo che adesso non dico più a Loredana che il cisplatino e i suoi due fratelli sono «amici». Me ne guarderei bene, ho capito che razza di amici possono essere i bastardi della tripletta. La dose sarà un po' calata, ma gli effetti collaterali continuano a straziare le mie giornate.

Gli amici sono altri, e vengono a trovarmi per chiacchierare e tenermi compagnia. Fra i tanti viene Marcello Sorgi che mi racconta della politica e del Palazzo, del *generone* romano e delle cene in terrazze che guardano San Pietro o il Colosseo. Lo fa a modo suo, con un'ironia e un gusto del particolare che solo pochi possiedono. Un'arte rara, una cosa preziosa. Mi rendo conto, mentre lo ascolto, che non mi importa più nulla di quei personaggi e di quelle storie. Vedo figurine lontane, come sbiadite e scolorite. Di alcuni non ricordo più neanche il nome. Altri non mi dicono niente eppure so di conoscerli per qualche motivo che adesso mi sfugge. Per anni e anni mi sono appassionato di politica e di retroscena, ho avuto il gusto della notizia in esclusiva e del pettegolezzo veloce, del titolo azzeccato e del particolare che da solo basta a mostrare il vero volto dell'intero quadro. Adesso non più. E senza che lui se ne accorga (almeno così credo) spingo Marcello a raccontarmi della nostra Sicilia, dei personaggi dell'isola che hanno fatto leggenda e che entrambi amiamo. Di Sciascia, che tutti e due abbiamo conosciuto bene, di Bufalino, di Consolo, di Camilleri, con il quale Marcello anni fa ha scritto un delizioso libro-intervista dal titolo molto isolano *La testa ci fa dire*.

Ricordo che fu Elvira Sellerio a parlarmi per la prima volta di Andrea Camilleri. Era la fine degli anni Novanta, stavamo a Mondello, a pranzo sulla terrazza del Charleston, due metri sopra quel mare cristallino che solo alle Maldive ce n'è uno uguale. Starete pensando: il solito fanatico palermitano che non si rende conto di ciò che sta dicendo, dei paragoni che azzarda. E invece vi dico e vi ripeto che il mare della baia di Mondello, in certi punti e in determinate stagioni dell'anno, è uguale a quello delle Maldive, delle Seychelles e dei Caraibi messi insieme.

È un mare più a buon mercato a due passi da casa, quindi la gente che conta e che vuole la sua intervista su «Vanity Fair» o la foto della sua casa-vacanza su «Dove» (perché l'uno e l'altro sono il meglio che si trovi in edicola), l'idea di un weekend a Mondello non la prende nemmeno in considerazione. Non farebbe trend, non sarebbe chic, non avrebbe nulla di snob. Per fortuna, perché meno siamo più ce lo godiamo il nostro mare e il suo colore trasparente come pelle di medusa.

Comunque sia, ce ne stavamo io ed Elvira a chiacchierare incantati di libri su quella terrazza, e a un certo punto lei mi parla di questo scrittore siciliano che considera una persona eccezionale. Me ne parla in maniera talmente entusiasta che incuriosito le dico: digli di chiamarmi al «Messaggero» e magari si combina qualcosa. «Ma guarda che lui scrive usando molto il dialetto siciliano, mischiandolo alla lingua italiana. È un linguaggio nuovo, per certi versi difficile» mi dice. «E allora?» rispondo con l'arroganza tipica dei direttori dei giornali a cui la testa dice che possono permettersi tutto.

Ho incontrato Camilleri qualche settimana dopo al *Maurizio Costanzo Show*, dove entrambi eravamo ospiti, e sono stato il primo direttore a pubblicare uno scritto di Camilleri su un quotidiano. L'invito è partito da Costanzo, ma il mio cuore era preparato ad accoglierlo. Cinque giorni dopo usciva un articolo dello scrittore siciliano in prima pagina. Ricordo che Andrea mi telefonò la mattina stessa per ringraziarmi. Per lui era una novità assoluta. Era così emozionato che mi fece una gran tenerezza, e da allora gli voglio bene, anche se ci sentiamo raramente. Due anni dopo, ma era già diventato Camilleri, Marcello Sorgi se lo portò alla «Stampa» che dirigeva. Io non ero più direttore del «Messaggero» e mi piace pensare che altrimenti non avrebbe osato un simile scippo, ma bisogna sempre diffidare dei siciliani intelligenti, curiosi, colti e determinati come Marcello.

«Ci sono tante persone che ti vogliono bene» dice Barbara tutta orgogliosa. Ha ragione. Devo aver seminato meglio di quanto pensassi. Ci sono ritorni e attenzioni piccole e grandi che mi fanno sentire vivo, ristabiliscono l'equilibrio tra la vita vera e il cisplatino, e stavolta è lui ad annaspare e perdere. Si rifanno vive vecchie conoscenze di cui non avevo notizie da anni e che hanno saputo del mio cancro. Alcune sono sorprese assolute. Tutte cose che mi aiutano ad andare avanti, a non mollare, a credere che tutto sia ancora possibile. Vecchi colleghi della «Gazzetta dello Sport», a partire da Ruggero Palombo, mi telefonano o vengono a farsi due chiacchiere quando passano da Roma.

E poi c'è il popolo di Gino che continua a sbalordirmi per il suo affetto e la sua vicinanza amorosa. Sì, credo che *amorosa* sia la parola giusta. Chiedono notizie del loro amico via mail. Danno consigli. Mi invitano a far leggere a Gino libri o a consultare questo o quel medico. Si dicono pronti a prestargli i soldi per il viaggio se si tratta di località lontane. Mi pregano di accompagnarlo in questo o quel pellegrinaggio alla chiesa tale o al santuario talaltro. Sono credenti e laici, testimoni dell'antica fede o atei che non credono nell'aldilà ma vogliono che Gino stia bene nell'aldiquà.

Sto scrivendo un libro-intervista con Giuseppe Tornatore sul suo film *Baarìa*. Devo consegnarlo per fine luglio. Cosa che farò puntualmente, sgravandomi di un gran peso. Perché scrivere in questo periodo mi risulta molto faticoso. Intervistare Peppuccio è stata un'occasione preziosa per conoscerlo ancora meglio. Lui così siciliano e riservato, schivo, a volte chiuso nella sua caratterialità. Di lui mi fido, e non uso mai la parola «fidarsi» alla cieca. Abbiamo imparato a volerci bene nel corso del tempo, a poco a poco, ma sempre con maggiore complicità. Oggi è una delle poche persone al mondo a cui affiderei il destino di mia moglie e di mia figlia.

Ancora un'ultima cosa. Voglio dirmelo da solo e sbrodolarmici sopra: il libro-intervista è venuto benissimo. Peppuccio si è aperto come non aveva mai fatto con nessun altro e racconta cose di sé e della sua adolescenza a Bagheria che nemmeno lui (come ammetterà ridendo) pensava avrebbe mai avuto il coraggio di confidare a un'altra persona. Per carità, non stiamo parlando della *Recherche*, ma il libro è un documento che nel suo genere durerà nel tempo. Chiunque vorrà occuparsi di Tornatore e del suo cinema dovrà leggerselo e rifletterci sopra. Lo so, chi si loda si imbroda. Ma ci tenevo proprio a lodarmi da solo, perché so bene quanto sforzo fisico mi sia costato in quelle settimane prepararlo e scriverlo.

Mi sento spossato. All'inizio non mi accorgo nemmeno fino a che punto. Sono solo stanco, mi dico. Maledetta chemioterapia che ti stronca, mi consolo. Ma non è la solita stanchezza, avverto che c'è qualcos'altro. Qualcosa di più sfiancante che mi viene da dentro, dal profondo, e non riesco né a capire cosa sia né tanto meno a controllarla. Che mi prende la mano. Penso ai luridi pipistrelli e a quella loro caverna buia dove preparano trappole fisiche umilianti e intrugli di cisplatino.

La mattina mi alzo sempre più a fatica.

Sono sempre stato un grillo appena sveglio. Di un'energia irrefrenabile. Mi sono sempre alzato prestissimo, anche da ragazzo, verso le cinque-cinque e mezzo: lettura dei quotidiani che mi arrivavano a casa alle sei, poi barba, doccia, una tazza di tè, e via al giornale dove arrivavo intorno alle otto e mezzo-nove già pronto a rompere le scatole a tutti. Da direttore, un vero flagello per quei poveri disgraziati dei miei redattori.

Invece adesso non riesco a svegliarmi del tutto, sto a lungo imbambolato nel letto con i pensieri che vagano da soli nell'aria. Mi rigiro da una parte e dall'altra, non riesco a riprendere il sonno perduto, ma non ce la faccio nemmeno a scendere dal letto. Mi fa fatica alzarmi, mi fa gran fatica lavarmi e mi fa una fatica enorme vestirmi. Mi fa così tanta fatica pensare di uscire che smetto di uscire. Mia moglie brontola, mi sgrida. Sto dimagrendo troppo, le gambe nude fanno pena a guardarsi, i muscoli delle braccia e delle gambe si sono afflosciati e raggrinziti. Il viso è smagrito. Ho un brutto colore che non è il mio. Non mi riconosco. Non mi piaccio. Non sono mai stato così da un punto di vista fisico. Non sono più io.

Sono stanco come non mi era mai accaduto prima.

E mi accorgo di un'altra cosa. Mi piace questa spossatezza. Mi ci adagio. La trovo consolatoria. La vivo come una liberazione. Se così dev'essere, così sia, penso. Mi lascio andare. A poco a poco è come se entrassi in un gorgo che mi aiuta a tirare avanti.

Di nuovo il gorgo, di nuovo una di quelle parole scritte quando ho scoperto di avere il cancro.

Però è così. Non è poi tanto sgradevole lasciarsi scivolare in questo gorgo. Mi sento trasportare via lentamente, senza sbalzi. Senza alcun trauma. Che meraviglia non doversi sforzare per niente al mondo. Me ne vado. Me ne sto andando con la testa.

Sto sdraiato per ore intere sul divano del mio studio, faccia alla finestra. Non faccio niente. Guardo e basta. Vedo gli alberi fermi nell'aria assolata. Li vedo danzare lentamente e con allegrezza alle prime brezze della sera. Vedo i grandi gerani bianchi sul terrazzino, quei gerani che mia madre ha portato tanti anni fa da Palermo e che mi ha regalato perché ormai introvabili. Sono sopravvissuti a malattie e venti gelati, all'afa e agli inverni, al tempo e alla memoria, e adesso stanno lì, carnosi e candidi e posso ammirarli nella loro bellezza. Vedo il pomeriggio trascorrere lentamente, la luce diventare trasparente, il cielo scolorire in un azzurro meno intenso ma non per questo meno bello, il volto della sera avanzare come ballando sulle punte, pronto a ricamare una nuova trama notturna.

Non vedo il tramonto che è alle mie spalle, ma è come se sentissi il sole che scompare dietro Monte Mario. Se fossi sdraiato sul letto, dall'altra parte della casa lo vedrei, dolcissimo, fare festa con gli stornelli che disegnano impossibili traiettorie nel cielo. Ma sto sul divano dello studio, a destra c'è il computer acceso, dove arrivano i messaggi e dove riposano le mie rubriche, quelle vecchie e quelle pronte per essere mandate. E tutto intorno i miei libri, gli amici di una vita. Ho sempre ringraziato il fato che mi ha fatto amare i libri fin da bambino. Leggere è sempre stata una magia tonificante. Ma la stanchezza è talmente tanta che mi fa fatica anche leggere.

C'è una gran pace in questo perdersi adagio nel gorgo della spossatezza fisica. Chi l'avrebbe mai detto?

Mi telefona Antonello Perricone per sapere come sto. È domenica mattina, metà luglio. Nel suo modo di parlare mi piace la cantilena siciliana che la lontananza dall'isola da quarant'anni non ha intaccato. Mi piace parlargli e sentirlo parlare. Mi fa ridere quando ride. È una risata contagiosa. Mi fa bene al cuore. È più di un fratello per me. Scherziamo, anzi, *babbiamo*: io lo chiamo *malacarne*, lui mi chiama *canazzo di bancata*. Ci conosciamo da così tanto tempo che l'anno del primo incontro, da *picciriddi*, l'abbiamo dimenticato. Lui magro magro, su quelle gambe lunghe da trampoliere faceva il portiere nella squadra di calcio dove io giocavo da attaccante. I nostri nonni e i nostri padri erano amici. Palermo è una città antica dove certe cose contano. Molte estati passate insieme, con il nostro amato Ferruccio Barbera a giocare con noi, ci hanno tenuti uniti, e più avanti negli anni anche qualche amore. C'è stata una stagione in cui abbiamo diviso (anche se uno prima e l'altro dopo, perché sempre siciliani siamo) la stessa ragazza. In tre parole, ci vogliamo bene e non devo spiegare altro.

Mi chiede come sto. Gli dico che soffro di una stanchezza mortale, ma per il resto resisto e combatto. E aspetto i risultati della chemio. Mi dice di chiamare Piero Celli che ha avuto il mio stesso problema e che oggi, sei anni dopo, sta bene e lavora più di prima.

Alla fine lo sente Antonello ed è Piero a chiamarmi. È stato lui, quando era direttore generale, ad assumermi alla Rai come capo della seconda divisione. Una carica importantissima e assai strategica sulla carta, in pratica una bellissima scatola di cristallo prezioso senza contenuti. Ho resistito sette mesi, ho ringraziato e me ne sono andato a Milano. Alla Rizzoli mi avevano chiamato a lavorare Cesare Romiti, Claudio Calabi e il mio amichetto di passeggiate nei parchi Paolo Mieli. Ci sono rimasto quasi otto anni, e sono stati anni importanti per me e la mia vita professionale. Ho lasciato in quella città un mucchio di bei ricordi e tanti amici a cui voglio bene. E a Milano devo molto.

Piero mi ascolta e mi dà un consiglio che nel tempo si rivelerà fondamentale. Avevo sempre considerato quella tra me e il cancro al polmone una partita di calcio. Avevano cominciato loro, i linfonodi patibolari, segnando due gol prima ancora che iniziasse l'incontro. Io dovevo recuperare e riuscire a batterli. Sarebbe finita 3 a 2, mi ripetevo per farmi coraggio, e poi tutti negli spogliatoi a prendere un tè caldo, come direbbe Fabio Caressa aggiustandosi il ciuffo sulla fronte.

Piero invece mi avverte: «Guarda che stai sbagliando tutto. Quella contro il cancro non è, e non può essere, una partita di calcio. In una partita che dura novanta minuti più il recupero e l'intervallo, ci sono tempi morti e momenti in cui hai la possibilità di riposarti. Gli altri giocano e tu riprendi fiato in una zona del campo dove la palla è lontana. Qui parliamo di un'altra cosa. Qui non ti puoi rilassare un attimo. Con il cancro se cedi sei finito, lui ti mangia e tu sei morto. Con il tuo cancro devi giocare un altro tipo di partita. Non a calcio, ma a braccio di ferro. Hai presente braccio di ferro? Bene, lì se ti rilassi un secondo, un solo secondo, il tuo avversario ti sbatte il braccio giù e tu hai perso partita e incontro. Con il cancro è la stessa cosa. Non devi mollare mai, neanche un secondo. Ricordatelo: neanche un secondo. Mai un attimo, amico mio, se vuoi farcela, mai un attimo. Attento a questa tua stanchezza: è la cosa peggiore che possa capitarti, se cedi alla finta spossatezza sei fritto. Devi continuare a ripeterti che ce la puoi fare, puoi vincere, hai la forza di combattere ancora. E ancora. E ancora. E ancora». «La spossatezza» ha continuato a dirmi «è un segnale che il cancro ti sta mandando. Ti saggia, ti misura per vedere se hai ancora la tempra di resistere e reagire. Se cedi ha vinto lui, e tu hai finito la corsa. Devi alzarti, sforzarti di uscire, fare due passi ogni giorno, qualche sera porta tua moglie a mangiare fuori, chiama due amici ed esci con loro, anche se sei stanco, anche se non ti va.»

Piero aveva ragione.

Lo capisco subito pensando ai giorni passati immobile sul divano. Non mi muovo quasi più, tranne che per andare al bagno o al computer. Passo dal divano alla poltrona e dalla poltrona al divano. Guardo assente il cielo e gli alberi. Non penso. Mi lascio trasportare dallo scorrere del tempo, dei minuti, delle ore, delle giornate.

Non sto reagendo. Altro che braccio di ferro, altro che partita di calcio. Qui non sto giocando più. Barbara è sempre più preoccupata. Ho bisogno continuamente di flebo per tirarmi su. A casa non abbiamo l'asta, o albero che dir si voglia, e così mia moglie con un cerotto appende la gabbietta con la flebo a una scala in alluminio che usiamo per prendere le valigie sopra l'armadio. E tra me e gli alberi danzanti, il sabato o la domenica, quando Barbara sta a casa, c'è sempre più spesso questa scala di alluminio, orrenda, con la boccia della flebo che dondola sopra e l'ago in vena.

Sento che sto traversando il momento più critico della malattia. Me ne rendo conto quando Barbara, un pomeriggio, mi dice arrabbiata che così la battaglia è persa. Non è mai stata così dura e netta. Non l'ho mai vista tanto determinata e preoccupata. Sono entrato nel gorgo senza accorgermene, e adesso non trovo la forza per tirarmi su. È un momento veramente difficile, e comincio ad aver paura. Finora la paura non l'avevo mai provata, neanche quella notte tremenda di fine giugno chiuso nel mio bagno per cinque ore massacrato dagli effetti della chemio.

La sensazione di annegamento si rafforza un pomeriggio nel quale chiedo al mio amico Aldo Moraldi di accompagnarmi dal commercialista perché da solo non ce la faccio a guidare e non posso più rinviare l'appuntamento. Io e Aldo siamo stati compagni di classe (e spesso anche di banco) dalla seconda media fino alla terza liceo. Da allora, come amici, non ci siamo mai più lasciati e continuiamo a volerci bene nonostante abbiamo un carattere molto diverso. Aldo ha fatto per tutta la vita il chirurgo ed è in pensione da pochi mesi. Ha seguito passo passo il decorso della mia malattia. Mi aspetta sotto casa, e quando mi vede arrancare verso di lui come un vecchio di novant'anni, con quei passetti da uccello ferito, mi dice: «Stai male?». «No,» rispondo «solo che sono stremato da una stanchezza mortale.» Mi guarda: «O reagisci o non ne esci». Aldo è sempre molto prudente, non è mai tranciante nei giudizi. Sento il gelo pennellarmi la spina dorsale.

Dopo la visita dal commercialista, quando mi lascia sotto casa, lo saluto, aspetto che se ne vada e torno indietro. Mi dirigo verso piazza Euclide. Nonostante siano le sei del pomeriggio fa ancora un gran caldo. Sudo, ho il fiatone, la testa pelata e mi sento a disagio. Penso a come devo sembrare visto da fuori. Lo so benissimo come devo sembrare: faccio schifo. Cammino con gli occhi bassi, non voglio incrociare lo sguardo degli altri. Non ho voglia di leggervi domande e intuire le loro risposte. Non ho voglia di niente. Solo di fare questa piccola passeggiata pensando che dopo settimane sto finalmente camminando di nuovo. Un passo dietro l'altro, ripetendomi come un mantra d'incoraggiamento: cammina e non pensare ad altro, cammina per la tua vita e svuota la testa.

Ho camminato per venti minuti, pochi isolati avanti e indietro. Mi sono sembrati non venti minuti ma venti ore. I passanti non li vedevo, gli alberi erano spettri, il marciapiedi aveva la consistenza delle cose sognate. Quando ho riaperto la porta di casa mi sentivo un piccolo eroe. Mi sono abbattuto sulla poltrona e ho guardato gli alberi aspettando che il fiatone finisse. Ho cominciato a respirare con calma. Ho richiamato Antonello per ringraziarlo, ma aveva il cellulare staccato.

Ho camminato per tutti i giorni seguenti mezz'ora ogni pomeriggio al calare del sole.

La settimana dopo, eravamo ormai alla fine di luglio, avevo un appuntamento importante. Dovevo fare la Tac e scoprire finalmente che effetto aveva avuto la chemio sul tumore. Io e Barbara eravamo ottimisti sul risultato. Dio solo sa perché, ma eravamo convinti che le notizie sarebbero state buone. Io penso positivo perché son vivo, perché son vivo: fa così quella canzone, non è vero?

21

Qui non è questione di linea gialla ma di fortuna. Le linee gialle o bianche o rosse non c'entrano niente. C'entra il caso, il fato, il numero vincente, la sfiga, l'incidente di percorso, fate voi. Come aveva detto Barbara quella volta? «Può succedere che i linfonodi si sciolgano come neve al sole, e che il cancro scompaia.» Aveva detto proprio così, usando quest'immagine bella e rassicurante: come neve al sole.

Così quella mattina di fine luglio ci ritroviamo in sette o otto, non ricordo bene, a Villa Margherita per l'appuntamento più importante: la Tac per vedere a che punto sta la caverna, come se la cavano i pipistrelli, e che lavoro di pulizia è riuscito a fare il nostro eroe a bordo della sua barca da guerra che dondola da due mesi sul fiume azzurro dentro di me.

Ci siamo io e Barbara, naturalmente, e mia figlia Costanza, che è arrivata da Palermo e finge una faccia rilassata, ma non inganna chi l'ha vista nascere. Ci sono Paola Niolu e Laura Veneziano, vale a dire qualcosa di più prezioso che semplici amiche. C'è

Antonella, la sorella di Barbara. Ci sono anche Filina Orefici e Mariella Lepore, che sono colleghe di mia moglie e amiche mie, lavorano lì e ci vogliono bene. Un sacco di donne. Anzi, tutte donne a dire la verità. Meglio, mi sono sempre trovato più a mio agio con le ragazze che con gli uomini. Mi piace parlare con loro, esserne circondato, fare parte della loro giornata e della loro vita.

Ci sediamo nella saletta davanti al bar, chi da una parte chi dall'altra. Io scelgo una poltrona azzurrina sotto una lampada grigia e Antonella si mette sul bracciolo accanto a me. Costanza è lì davanti, sorride finta allegra e mi guarda. Che sguardo profondo ha mia figlia! C'è tutto un mondo da scoprire là dentro, ed è un mondo pulito.

Si chiacchiera, si aspetta. Mi sento positivo, non ho paura, non ho alcuna angoscia. Avverto una sensazione buona, deve andar bene per forza, con tutto quello che ho passato in questi ultimi due mesi.

Dopo un po' arriva un tecnico e dice a mia moglie: «Dottoressa, quando vuole, noi siamo pronti». Io e Barbara ci alziamo, Costanza ci accompagna. Salutiamo con piccoli cenni della mano e degli occhi tutte le ragazze e seguiamo il tecnico. Stavolta siamo sulle tracce della striscia bianca. Poi entriamo in un corridoio che non ha strisce. Siamo nella terra di nessuno, mi dico. Buon segno, penso, qui si gioca liberi.

Solita scena, solita stanza, solito macchinario, solita procedura. Via la camicia, giù i pantaloni fino al ginocchio. Può tenere le scarpe e le calze. Si rilassi. Tutto durerà al massimo mezz'ora. Barbara mi dà un bacio e sparisce dall'altra parte del vetro, in uno spazio dove non riesco a vederla.

Mi sdraio e alzo le braccia dietro di me. È la cosa più faticosa di tutta la procedura della Tac: restare per trenta minuti con le braccia tirate dietro senza poterle mai muovere. So che a un certo punto cominceranno a tremare da sole, un tremore che non si riesce ad arrestare. Pazienza. Uguali le luci al soffitto, simili in tutte le stanze d'ospedale del mondo, nelle sale operatorie, in quelle di diagnostica con i loro strumenti sofisticati di ultima generazione. Luci al neon schermate. Luci da sottofondo marino nelle giornate di mare mosso e sabbia sul fondo che fa i capricci. Luci di seppia. Bianche, lattiginose. Luci di nuvole che si stanno sciogliendo nel cielo, disperdendo in pennacchi sottili di fumo bianco le figurine celesti con cui giocare. Ma qui dentro molto neon e niente cielo.

Mentre penso queste cose la solita voce inizia a parlare: trattenere il respiro, pausa, respirare, pausa, non si muova, pausa, trattenere il respiro, pausa, ora può respirare, pausa, ancora pochi minuti ed è finita, respirare, pausa, può respirare, solo un minuto abbia pazienza, pausa, non respiri, ora respiri.

La voce parla da sola in quella stanza e la ruota gira. Gira la ruota della macchina potente della Tac, con le sue lucette rosse, gira sopra la tua testa, sopra il tuo torace, sopra il tuo stomaco. Gira e scruta dentro di te. È la ruota della verità, quella che ti dirà se le cose sono migliorate o peggiorate, se stai meglio, se puoi suonare la musica della speranza o quella della disperazione. Gira la ruota, è la ruota della Tac ma anche quella della fortuna.

Poi tutto si ferma e tutto tace. La voce del tecnico e la ruota della Tac.

Si apre la porta della stanza. Entra l'assistente e mi dice che posso abbassare le braccia. Le abbasso. Lo guardo. Lui magari già sa, ha visto qualcosa su quelle immagini. Lo guardo ma non intercetto risposte. Guardo dietro il vetro, mia moglie non si vede, ma dov'è andata? Perché non sta lì a farmi un segno, solo un piccolo segno, giusto per farmi capire? Ma certo che è andata bene, che vado pensando, non può che essere andata bene, Dio c'è, Dio è giusto, ho sofferto troppo. Ma dov'è finita Barbara?

Barbara appare dietro il vetro. La guardo intensamente. Ha il viso tirato. Brutto segno. Alza le mani all'altezza del petto in modo che io possa vederle e le dondola insieme da destra a sinistra ritmicamente. L'espressione della sua faccia e la linea della bocca, unite al movimento delle mani, sembrano dire: così così.

Come così così, che vuol dire così così, penso un po' panicato mentre mi alzo i pantaloni, mi infilo la camicia e mi dirigo verso l'uscita. Così così? O è andata bene o è andata male, ma così così non ha senso.

Sono sul corridoio. Barbara mi viene incontro. Non c'è bisogno che parli. Capisco che è più colì che così. Non è andata bene, non è andata come pensavamo. Non c'era neve che potesse sciogliersi. Non ci sono né ci saranno buone notizie da festeggiare.

A ripensarci oggi credo che la sensazione più precisa di quel momento sia stata quella di una mattonata in faccia. Una botta secca. Una cosa che fa male. Una cosa difficile da mandar giù. La posso girare come mi pare e piace, ma questo è quello che ho provato. Che ha provato Barbara, che ha provato Costanza, che hanno provato le nostre amiche venute lì per partecipare in qualche modo alla gioia di un'uscita dal tunnel.

Il tunnel c'è ancora, bello lungo e profondo. E della luce alla fine non si vede traccia. È come se il cielo si dovesse fulminare da un momento all'altro, una lampadina che esplode, track!, e la luce va via.

«Un risultato modesto.» Sono queste le parole che Enrico Cortesi userà per spiegare a me, a Barbara e a Costanza la situazione. La chemio ha intaccato il tumore, e la sua massa è un po' diminuita. Anche qualche linfonodo ci ha lasciato la pelle. Ma il tumore è ancora incistato lì, bello grosso, e molti linfonodi non sono stati nemmeno sfiorati dalla cura. L'unica buona notizia è che non ci sono state «uscite» dal polmone destro: non ci sono metastasi sparse per il corpo. Questo è rassicurante, il resto è francamente umiliante, dopo tante sofferenze, fatiche, speranze. Da uno a dieci? Diciamo cinque, e ci siamo tenuti larghi, sempre per essere ottimisti.

E ora? Cortesi dice che adesso è arrivato il momento di fermarsi un poco. Il mio fisico è molto provato, deve avere il tempo di recuperare, poi andremo avanti con la radioterapia. E aggiunge: «La radio con questi tipi di tumore è spesso molto più efficace della chemio. I risultati possono essere sorprendenti». La stessa cosa ce la ripete fuori, nel corridoio, Claudia Trinca, la sua assistente, che mi sorride con grande tenerezza.

«Io penso positivo perché son vivo, perché son vivo.»

Io invece penso che hanno sparato la prima cannonata, e che il bersaglio è stato fallito. I medici non c'entrano: in quella tripletta c'era dentro tutto quello che la moderna scienza oncologica permette di usare senza ammazzare il paziente. È la tripletta più forte tra quelle conosciute e usate nei protocolli internazionali. Ma non ha funzionato come si sperava.

Mettiamola come vogliamo, rigiriamola come ci pare, ma il significato è chiaro. La chemio non è servita a battere il tumore che si è dimostrato molto meno indolente di come tutti pensavamo. Altro che tumore meridionale che non ha voglia di faticare, questo è un osso duro, che a mollare non ci pensa proprio. Sembra un leghista arrabbiato della prima ora.

Adesso i medici spareranno la seconda cannonata. E mi conviene pensare che abbia ragione Cortesi: con il mio tipo di tumore la radioterapia può risultare determinante. Me ne devo convincere, e convincere subito Barbara e Costanza. Devo mostrarmi fiducioso di fronte a loro due, che hanno un faccino spaventato che fa tenerezza. Così, mentre ripercorriamo le strisce e torniamo nella stanza davanti al bar dove ci aspettano le ragazze, dico alle mie due donne: «Non so perché ma ho una grande fiducia in quello che Cortesi e la Trinca hanno detto a proposito della radioterapia. Secondo me funzionerà. E poi, soprattutto, sarà meno invasiva e debilitante della chemio». Mi guardano e cercano di sorridere. Non è solo per farmi coraggio o per fare coraggio a loro che ho detto questo. Dentro di me penso con un enorme sollievo al fatto che ho finito la chemio e che per un bel po' di tempo non sarò più invaso e assediato dal cisplatino o altre diavolerie del genere. Mi sembra che la salita che ho dovuto percorrere in compagnia di questi veleni e delle sofferenze che mi hanno provocato sia finita. E ne provo un sollievo e una fiducia grandissima nel futuro. Perciò ripeto a Barbara e Costanza: «Lo sento, sento che con la radio andrà bene».

Le ragazze stanno in attesa nella stanza davanti al bar, ma quando vedono le nostre facce capiscono che le cose non sono andate come speravano. Barbara spiega la situazione, e per sintetizzare il tutto usa quelle due parole: risultato modesto. Io penso che la storia di questo tumore proceda curiosamente a salti di due parole: addensamento polmonare prima, risultato modesto adesso. Vediamo cosa mi diranno i medici dopo la radioterapia. Antonella, Paola e le altre se ne vanno mogie mogie. Andiamo via anche noi. Prima di lasciare la stanza do un'ultima occhiata alla poltrona sulla quale due ore prima stavo seduto sicuro e fiducioso delle buone notizie che la Tac mi avrebbe riservato.

Ho rivisto la stessa poltrona altre volte, anzi tutte le volte che sono tornato a Villa Margherita per controlli, flebo, chemio (sì, mi è toccata di nuovo la chemio, ma più leggera, come dicono rassicuranti i medici). E sempre ci ho trovato qualcuno seduto. Non l'ho mai trovata vuota, sarà un segnale anche questo? E ogni volta che la vedevo occupata, dentro di me pensavo: togliti di lì scemo, finché sei in tempo, non lo sai che quella poltrona azzurrina porta una gran sfiga?

Nel pomeriggio Costanza è venuta a trovarmi a casa. È rimasta un'ora, poi è andata in redazione a lavorare. Abbiamo parlato. Quando è andata via ho pensato che io e lei abbiamo chiacchierato da soli tante di quelle volte che anche per questo ci basta un'occhiata per capirci. Per anni, tutti i giorni, io sono andato a prenderla a scuola, che era a due passi dal giornale, e andavamo insieme a pranzo. Tutti i giorni, dal lunedì al venerdì, senza pranzi di lavoro capaci di farmi tradire questo impegno (e divertimento), per quanto potessero essere importanti. Una volta a settimana entravamo da McDonald's a piazza di Spagna, esattamente a metà strada tra la sua scuola e il mio giornale. Ci piacevano moltissimo gli hamburger e le patatine fritte del vecchio Mc, e avevamo deciso che il nostro fegato e la mia dieta una volta a settimana se lo potevano permettere. Altrimenti andavamo in un bar e ci sedevamo a un tavolino per mangiare qualcosa e stare insieme un'oretta. Ci raccontavamo tutto, creando una complicità rara che poi negli anni si è rivelata preziosa per entrambi. Ancora oggi, se ripenso a quei pranzi, ne conservo un ricordo tenerissimo, come di certe giornate placide, di sole, di leggerezza, di luce chiara, trasparente. Come di una passeggiata nel parco quando l'aria non è troppo fredda né troppo calda, ma la temperatura perfetta, che dev'essere stata quella dell'Eden prima che Adamo si facesse convincere da Eva a mangiare la mela. Sarà per questo che non ho mai condiviso quello stupido proverbio: «Una mela al giorno leva il medico di torno». Sarà anche vero, ma è altrettanto vero che niente è stato più disastroso per l'umanità di quell'unica solitaria, maledettissima mela.

Dico a Costanza che non deve essere triste e non deve piangere. Che non si deve angosciare o disperare. Che io continuerò a lottare e a credere nella guarigione. Seguiterò a pensare che il cancro forse non si può battere ma che può diventare una malattia come un'altra, con la quale convivere e sperare in una qualità di vita accettabile.

Ma che alla peggio, se non ce la dovessi fare, lei dovrà ricordare che suo padre ha avuto una bella vita, una vita meravigliosa e ricca di soddisfazioni. Perché questa è la verità. Ho avuto molto di più di quello che a vent'anni mi sarei aspettato nel più azzardato dei miei sogni adolescenziali. Ho fatto il mestiere che volevo fare da sempre, ma non solo. Sono stato anche fortunato nel mio lavoro, più fortunato ancora nella mia vita privata: ho sposato la donna che ho amato di più e che da vent'anni a questa parte non mi ha mai deluso, ho avuto una figlia perfetta come lei da una persona perbene e alla quale sono assai affezionato come Francesca, sono pieno d'amici e di persone che mi stimano e mi considerano un galantuomo. E non uso a caso la parola «galantuomo», che è un modo di dire antico ma per me pieno di significati importanti. Che cos'altro avrei mai potuto desiderare dal destino? Che ingrato sarei se non fossi soddisfatto dei doni ricevuti?

Quindi, continuo a dirle, è a queste cose che devi pensare quando non ci sarò più, alle cose belle che ho vissuto, e non devi farti sopraffare dall'incubo che sono morto, come prima o poi capiterà a tutti. Io e te, le ripeto, ci saremo sempre, come nei nostri pranzi quando la malattia e il dolore e tutto il resto erano lontani mille e mille universi da noi. Ci saranno un sacco di persone, le dico, che incontrerai negli anni a venire e nelle occasioni più varie, e quasi tutte (tutte sarebbe troppo!) ti parleranno bene di me, ti racconteranno episodi della mia vita che non conosci, e di cui potrai essere fiera. Se il breve passaggio di un uomo sulla Terra serve a lasciare una traccia, allora devi stare tranquilla: papà non lascerà dietro di sé una striscia bianca e molliccia come la bava di una lumaca, ma un sentiero di cose buone fatte e di belle persone incontrate, di azioni di cui non ci si deve vergognare, e anche di qualche significativo gesto di generosità e di bontà.

In quell'ora che abbiamo trascorso insieme, le ho detto più o meno questo, e l'ho fatto perché volevo che se ne ricordasse. So bene che niente di quello che io posso averle detto servirà a nulla, nel momento stesso in cui non ci sarò più. Ma qualcosa di quelle parole dentro di lei verrà conservato, inconsapevolmente, e magari un mattino peggiore degli altri tornerà a galla dal suo inconscio e la aiuterà a superare un momento difficile. Con gradazioni diverse sarà lo stesso per mia moglie, gli amici più cari, alcune persone che non sospetto e che invece avvertiranno il peso della mancanza. Perché non è il tempo del distacco quello che pesa di più, ma i giorni della mancanza. E di questo sono profondamente convinto.

Deve essere colpa degli anni che passano e della stagione non facile che vivo. Ma sempre più di frequente sento il bisogno di staccarmi dal quotidiano. Una volta avrei detto di volare alto. Oggi mi accontento di pensare che deve per forza esserci da qualche parte, dentro di noi, uno spazio estraneo al dilagare della volgarità che ci circonda. Un rimedio a questo vuoto pneumatico o al continuo ronzare di frasi inutili, di cose vuote, di concetti deboli, di gas velenosi, di pensieri sulfurei e di ventilatori carichi di sterco da spargere intorno. Deve esserci una soluzione a questi nostri giorni senza grazia.

Non sapendo bene cosa fare, quando la marea mi monta dentro e sento l'angoscia che sta per tracimare nella regione dell'anima, certi pomeriggi mi distendo su una sdraio in terrazza e guardo passare le nuvole in cielo. È un rimedio sicuro e collaudato che mi calma. Così ho fatto quel pomeriggio subito dopo che Costanza è andata via.

Era il momento ideale, perché il cielo azzurro era striato da nuvole bianche, e la mia sdraio, all'ombra del pergolato di glicine e gelsomino siciliano, sembrava stesse lì ad aspettarmi da un secolo intero. Se non avete mai giocato con la forma delle nuvole, vi siete persi un mondo di delizie. Parlo di quando siete diventati adulti, non di quando eravate bambini.

Mi sono sdraiato e ho guardato il cielo. Proprio come il principe Andrej Bolkonskij, gravemente ferito durante la campagna militare del generale Kutuzov contro Napoleone. Pagine memorabili quelle di Tolstoj. Il passaggio delle nuvole, la mente in libertà, il cuore colmo di rassegnazione e di rabbia per la vita che se ne sta andando. I pensieri fragili ma lucidi, sottili come lame. Soprattutto essenziali, scarnificati, sfrondati dell'inutilità delle cose.

Il corpo e la mente umana sono talmente complessi e perfetti nel loro funzionamento che non possono essere nati dal «caso». Mi rifiuto di crederlo. Qualcuno, qualcosa, li ha immaginati, costruiti e voluti così. Le più formidabili macchine dello spazio stellare finora conosciuto. Non c'è niente che può essere paragonato alla perfezione, complessità e insieme semplicità del corpo e della mente umana.

Quando lasceremo questo pianeta non saremo inghiottiti nel nulla. No, non credo proprio. Penso che torneremo da dove siamo venuti: rientreremo nell'energia mirabile dell'universo sconfinato. Come stelline di ghiaccio o di diamante, o punti luminosi che ruotano intorno alla grande energia che ci circonda. Senza il fastidio del corpo, il peso della vita, forse senza neanche la soddisfazione dei ricordi.

Non so se ci capiterà di incontrare i nostri genitori morti o i nonni che abbiamo tanto amato o gli amici per una partita di calcetto tra le stelle dove nessuno vince e nessuno perde, nessuno si fa male e tutti si divertono. Non credo, ma mi piacerebbe che tra gli spazi immensi si trovassero galleggianti bottiglie di Sassicaia (incorporee certo, ma che sappiano di rovere e di more) e dolci africani speziati. Niente guerre, né sciagure, né esecuzioni capitali. Niente torture su corpi martoriati. Né bambini malati che ti inseguono con la testarda disperazione del loro sguardo ferito. Niente di tutto questo, niente di «umano», per carità. Solo una grande pace dentro di noi, e il desiderio di dare e ricevere amore, lassù, da qualche parte, magari a metà strada tra Pegaso e Andromeda, un posticino niente male a quanto mi dicono.

Galassie, universi, costellazioni, buchi neri e meraviglie stellari. Sono sempre stato affascinato da questo mondo che gira intorno a noi e ci comprende tutti. Ho sempre rotto le scatole al mio amico Marcello Fulchignoni, planetologo e soprattutto molto paziente con me, per farmi raccontare storie vere di extraterrestri: dove sono, come sono, perché non si fanno vedere per illuminarci e insegnarci a vivere più da uomini delle stelle e meno da bestie crudeli. E ogni volta lui mi propone divertenti teorie scientifiche spiegandomele terra-terra, sperando che io le accetti e smetta di tormentarlo. Ma ogni volta conclude: «Ci saranno certamente i tuoi omini verdi su qualche galassia lassù, così distante che neanche puoi arrivare a immaginare la distanza, ma per ora non hanno alcuna intenzione di farsi vedere da noi. Chissà, magari siamo troppo volgari e stupidi per loro. Prima o poi arriveranno, ma quel giorno noi non ci saremo più. E ti assicuro che non ce ne fregherà nulla». Può essere, caro Marcello, ma intanto io ho saputo quello che mi interessava sapere: ci stanno gli omini verdi, esistono, sono lontani, da qualche parte, in una sperduta galassia, ma ci stanno. Da giornalista stracco, per ora mi basta la notizia non confermata, poi si vedrà.

Il pomeriggio sta per finire, le nuvole sono scomparse, l'aria si scurisce, il peso sul cuore dopo la chiacchierata con Costanza s'è attenuato ed è diventato sopportabile. Mi alzo dalla sdraio, guardo ancora un attimo il cielo, lo ringrazio perché lui c'è sempre quando ne ho bisogno, e rientro in casa.

Ma prima di proseguire, ho ancora due cose da dire.

La prima, una cosa antica, mi appartiene da molti anni e riguarda una persona cara, e in questa stagione della vita mi piace condividerla con chi leggerà questo libro. Il patrigno di Marcello Fulchignoni si chiamava Adolfo Annesi, ed è stato per me un uomo molto importante. Insieme a mio nonno Antonio Voltaggio è la persona che più ha contato nei primi vent'anni della mia vita e che mi ha insegnato più cose. Quando avevo quattordici anni, ogni fine settimana ero ospite a casa di Marcello nella bella villa di Trevignano. Un giorno Adolfo mi disse a bruciapelo: «Tu sei un giornalista nato e già fatto». È stato il primo a pensarlo, non gliene sarò mai abbastanza grato. E non saprò mai da che cosa l'avesse capito, anche se allora lui era direttore dell'Agenzia Italia e l'uomo di Enrico Mattei nella stampa. So solo che io ho cominciato a desiderare di fare questo mestiere da quando ho memoria, da bambino, da sempre. Non ho mai voluto essere nient'altro che un buon giornalista. Ma mai nessun adulto, fino a quel giorno, mi aveva detto una cosa simile. Le sue parole non le ho dimenticate.

La seconda persona che voglio ricordare è la mamma di Marcello, nonché moglie di Adolfo in seconde nozze: Sofia Annesi Piacentini, figlia unica e viziata (d'amore) dell'architetto Marcello Piacentini, un uomo che può essere discusso quanto si vuole per le sue scelte politiche, ma di cui nessuna persona in buona fede può negare l'inventiva e la genialità di alcuni lavori eseguiti durante il fascismo. Con me e con gli amici del nipote (adorato) si è sempre comportato con un tratto umano gentile e disponibile. Di lui non ricordo che cose buone quando io e Marcello lo incontravamo o andavamo a rompergli le scatole nel suo studio di architetto.

Sofia Annesi è stata anche lei una persona importante nella mia educazione adolescenziale. Era una donna di raffinata intelligenza che ha vissuto con una ventina d'anni d'anticipo rispetto alla sua stagione. Per ricordarne una soltanto: è stata una delle prime donne a partecipare a gare automobilistiche, se non la prima in assoluto. L'architetto Piacentini, di cui era l'unica erede, le lasciò una fortuna considerevole alla sua morte, e Sofia ha saputo godersela e farla godere agli amici e a quanti le hanno chiesto aiuto. Anche a coloro che poi l'hanno tradita. A me ha insegnato a leggere. A leggere i buoni libri, intendo. Consigliandomi, parlandone insieme quando li avevo finiti, discutendone per ore nei pomeriggi dorati nella tenuta di Trevignano, sul lago di Bracciano, sotto un pergolato antico di foglie rosso e oro. Di quei giorni lontani, e di quei fine settimana che sono durati anni, conservo un ricordo incantato. Non sarò mai grato abbastanza a Sofia e Adolfo per quello che mi hanno dato, per quello che mi hanno insegnato, per quello che mi hanno regalato.

Sofia aveva la fissazione delle scarpe, e aveva i mezzi per potersi permettere tutte quelle che voleva. Non si è mai saputo il numero esatto, nemmeno il figlio Marcello lo sa. Degli omini verdi sa qualcosa o la immagina, sulle scarpe della madre non azzarda numeri perché non sa nulla.

Quello che sappiamo, sia io che lui, è che Sofia morendo lasciò scritto che voleva essere seppellita scalza. Cosa che fu fatta, secondo il suo volere. Ho sempre pensato che in quella apparente contraddizione si nasconda un ultimo messaggio per le persone a cui teneva, ma che io non sono riuscito a decifrare. Ho pensato a molte cose, ma forse non saprò mai qual è quella vera. Magari è proprio così che lei voleva, se la conoscevo bene.

Due giorni dopo il «risultato modesto» della Tac, Barbara e Cortesi si parlano. Mia moglie torna a casa con una bellissima notizia: ho diritto a diciotto giorni di vacanza prima di iniziare la radioterapia. Diciotto giorni senza chemio e senza altre diavolerie. Diciotto giorni per recuperare. Ho perso otto chili e quando mi guardo nello specchio grande dello spogliatoio, nudo e senza un pelo su tutto il corpo, mi viene una grande tristezza per quell'estraneo che somiglia a un verme.

Ma ora ho davanti il regalo di diciotto giorni senza strazi medici o farmacologici, appena due prelievi del sangue per analisi, praticamente una bazzecola, una pinzillacchera, un niente. Diciotto giorni di libertà, chi l'avrebbe mai detto?

Mi aspetta quello che non mi sarei mai atteso nell'estate straziante che ho passato. Mi aspetta Cozzo Capraro, la mia casa in Sicilia, il mio luogo del cuore per eccellenza. Ma andiamo con calma.

22

Per molti anni ho abitato un luogo che non conoscevo. Un pezzo di terra carnosa e bella, rossa e verde marino, con i cieli azzurro e malva, sulle Madonie, la catena di montagne che sta alle spalle di Cefalù. Boschi di querce, carrubi, ulivi, castagni e bassa selva mediterranea. Corbezzolo soprattutto. Lentischio e pini marini. Il luogo privilegiato delle rose, che a quell'altezza fioriscono tre volte l'anno a centinaia. Nel mio posto dell'anima, le *Jonise* giallo antico che mi ha regalato Denise Pardo in memoria della sorella Jojo, scomparsa troppo presto, cantano per otto mesi. Denise le ha fatte «creare» apposta da uno specialista e ha cominciato a donarle agli amici perché quel seme profumato della sorella scomparsa cominciasse a spargersi ovunque.

Montagne tormentate da cinghiali, volpi, tassi e porcospini, che qui chiamano porci-spini. Cucinati per ore e ore e trasformati in una specie di ragù, sono considerati una delle maggiori prelibatezze culinarie della zona. Tagliatelle fatte in casa con ragù di porcispini e crasto (montone) arrostito nell'aglio e nella cipolla sono le due componenti essenziali del pranzo di Pasqua che ci si mette un giorno a preparare e dieci a digerire.

Il mio è un luogo di numerosi e, per la maggior parte dei casi, sconosciuti incantesimi.

Cozzo Capraro, che in italiano potremmo tradurre «Colle delle capre», è a cinquecento metri sul livello del mare, con una vista mozzafiato che va da Palermo alle Eolie. Completamente isolato e molto vicino alle stelle, così vicino che certe notti d'estate il fulgore di quegli astri rischia di schiacciarti.

Per molti anni, per molti decenni, per molti secoli, sui miei quattro ettari di terra e di bosco ci sono venute a pascolare le capre. Scendevano da tre chilometri più in alto, dal paesino di Gratteri, presepe inimmaginabile di case, antiche chiese e campanili muti, di piazzette raccolte e pulizia svizzera. Le capre traversavano il Cozzo, calavano giù a valle tra le vigne aggrappate al terreno argilloso e alle curve crudeli, si dirigevano in contrada Rapputi, e poi nel pomeriggio risalivano per lo stesso percorso, dirette verso Gratteri.

Ai confini del mio terreno, trecento metri sopra la casa, il gregge passa ancora oggi, nei mesi di luglio e agosto, dopo le sei del pomeriggio. Le capre, i pastori, i cani lupo meticci che sono incroci di guardiani e belve feroci che è meglio non disturbare. Nel bagliore del meriggio estivo è uno spettacolo commovente. Si sente lo scampanellio degli animali e di tanto in tanto il grido di richiamo dei pastori, che è un urlo caratteristico e inconfondibile fatto di un'unica parola: iààohoohooohoooh!, gridano rompendo il silenzio. Il sole, già piegato verso il mare, va a tuffarsi a sinistra, davanti al Monte Pellegrino, a Ustica, a Palermo. La terra di quella collina sopra la mia casa, proprio lì dove traversano le capre, illuminata in pieno dalla luce, è rossa, di un rosso violento, lo stesso colore che ho visto solo in Andalusia e solo in una remota stagione di innamoramento.

Stavo in quel colle delle capre da anni, lo amavo molto ma non lo conoscevo. Dopo nove estati passate al Capraro pensavo di sapere tutto di quel posto, invece ne sapevo poco o niente.

Per scoprirlo ho dovuto aspettare l'estate del 2009, la stagione sotto il segno del Cancro...

Con Barbara siamo arrivati così felici e spensierati da sembrare incoscienti.

Diciotto giorni di vacanza, non ci sembrava vero! Senza medicine né siringhe. Che magnifico e inaspettato regalo! Siamo venuti da soli, non abbiamo portato neanche Pippo. Diciotto giorni per noi due e basta. Erano anni che non accadeva. Esattamente dall'estate del 2001, la prima trascorsa al Cozzo, senza televisione, senza radio, senza telefono né cellulare (che non prendeva). Più che una vacanza, una liberazione dal mondo. Una purificazione totale.

La casa in pietra, la quercia davanti alle finestre della camera da letto e i suoi rami a fare ombra sopra il tavolo siciliano in calce e mattonelle colorate di Santo Stefano di Camastra. Su quel tavolo per anni abbiamo pranzato e cenato, chiacchierato, ci siamo incantati all'ombra della quercia. I due alberi centenari di sughero che proteggono la casa di lato e alle spalle come sentinelle incorruttibili. L'orto dove il fidato Antonio Agostaro, ormai uno di famiglia come la moglie Nuccia, fa crescere pomodori e lattuga, fagiolini e piccoli peperoni verdi, zucche gialle e cocomeri rossi. E poi quelle cipolle dolci che si sciolgono in bocca. La mia soprattutto, perché Barbara non ne vuole nemmeno sentire parlare, e in casa si cucina da sempre senza aglio e senza cipolle. Nemmeno la ricetta della nonna Fernanda ha mai convinto Barbara ad assaggiarle: si taglia la cipolla a fette sottili, si mette il tutto in una piccola cuccuma e si riempie di succo di limone. Si lasciano per tre ore all'ombra e poi le cipolle si possono servire e mangiare anche da sole, poiché hanno smaltito l'aspro della loro essenza. Niente da fare: Barbara non s'è mai lasciata convincere ad assaggiarle.

La pace, il silenzio del Cozzo. La prima notte non si dorme, il silenzio è assordante. Ci tiene svegli o ci sveglia all'improvviso se riusciamo a prendere sonno. Il latrare dei cani giù nella valle. Il raglio dei dodici asinelli di Uccio Platania, il mio grande amico dell'infanzia palermitana che ha casa dall'altra parte di Rapputi, due chilometri più in basso. È grazie a lui e a mia figlia Costanza che abbiamo scoperto il Capraro. Ma questa è un'altra storia.

I ritmi del Cozzo. Ci si abbandona completamente al lento srotolamento delle ore, dal risveglio a quando si spegne la luce del comodino la sera. Dopo aver guardato a lungo, seduti su due sdraio sgangherate che si possono tirare indietro e finire di sfasciare, il cielo e le stelle. La discesa mattutina a Lascari, paesino di costa e di mare, sei chilometri più in basso, dove si comprano i giornali da Salvatore e il pane *rimacinato*, come si chiama qui, quello con la farina gialla, buonissimo. Ci si fanno, per pranzo, panini imbottiti da perdere la testa. Prosciutto, lattuga, pomodoro e tonno per Barbara. Tonno, pomodoro, cipolle e lattuga per me. Oppure alici marinate dai pescatori locali, cipolle crude tagliate a tondelli e provola affumicata. Un salto dal fruttivendolo Saro per alcuni sfizi che l'orto non produce e per le mandorle sgusciate che servono a preparare il pesto con il basilico. Basilico a foglie grandi e verde smagliante, stordite dal sole siciliano. Due chiacchiere con Salvatore sulle notizie e i fatti del pianeta in generale, e due chiacchiere con Mimmo, il proprietario del bar, juventino sfegatato, e giraudiano convinto, che si consola in questi ultimi anni con i rosa-nero del Palermo. La moglie di Mimmo, di una gentilezza d'altri tempi, insiste per offrire una granita al limone «fatta con i limoni del nostro giardino», o un caffè. Se rifiuti sei perso, in trappola. Mimmo, Salvatore, Saro, tutti rapporti veri, semplici, senza costruzioni intorno o sottintesi. Cose facili, antiche, sincere, segrete. C'è sempre del pudore intorno, e molta dignità. Concetti ai quali abbiamo perso l'abitudine.

In quest'ultimo anno le telefonate di Mimmo e Salvatore, per sapere come stavo o per farci gli auguri di Natale, mi hanno sempre dato forza. E una gioia intima difficile da spiegare.

Il benzinaio di Gratteri si chiama Gino (sì, anche lui), e quando mi vede arrivare per fare il pieno mi osserva attento, si fa un'idea chiara della situazione, mi abbraccia e dice: «Direttore come sta? Mi avevano detto che in questo periodo non era tanto cattolico». Lo guardo senza capire, dovrei chiedergli che vuole dire, ma non mi va di parlare di malattia. È così bella questa mattina d'inizio agosto, che lascio cadere il discorso.

In una delle mie rubriche *Moleskine* racconto l'episodio appena tornato a Roma, e dopo qualche giorno ricevo una mail dalla signora Maria Reyes, che ha sposato un italiano e da molti anni vive qui, nella quale mi dice: «Nel linguaggio colloquiale castigliano, in terra spagnola, *estar* (o *no estar*) cattolico significa star bene o non star bene, e come lei sa tra la sua Sicilia e la mia Spagna non sono molte le differenze, anche di linguaggio». Due secoli di occupazione non sono passati invano. Immagino che già bastava *estar* fuori dal cattolicesimo per «star male», e rifletto su come l'antico linguaggio castigliano sia rimasto in uso nel gergo siciliano anche nei paesi più isolati. Chissà quale soldato o scrivano o venditore ambulante spagnolo ha traghettato *l'estar catolico* dalle pianure della Mancha alle montagne delle Madonie.

Gino, il benzinaio, mi regala un'altra perla quella mattina. Fa un caldo terribile, e me ne lamento. «E farà ancora più caldo tra poco, questa sarà una giornata caldissima, già si sente.» Lo guardo con aria interrogativa. Lui spiega: «Arrivo tutte le mattine alle sette qui alla pompa, e le cicale cominciano a cantare verso le nove-nove e mezzo. Stamane hanno iniziato pochi minuti dopo che avevo aperto». «E allora?» gli chiedo. «Le cicale cantano perché gli rode, e più presto cantano, più caldo farà durante il giorno.» Non avevo mai pensato al rodimento delle cicale, ma naturalmente aveva ragione lui. Ho ascoltato il loro canto assordante per tutto quel giorno di scirocco.

Nella casa del Capraro lo scirocco arriva alle spalle dell'albero di noce sulla collinetta di castagni dietro la casa. Qui le cicale sembrano migliaia. È l'unico rumore che si sente. Ho letto da qualche parte che il suono prodotto dalle cicale accompagna l'avventura umana da millenni: rappresentano il suono animale più antico che si conosca. Hanno resistito più dei grandi rettili, dei dinosauri, degli uccelli predatori, di centinaia di altre specie più forti, più grosse, più poderose, più aggressive. Penso, al tramonto di quel primo giorno in cui siamo arrivati, con il sole rosso e arancione che cala lentamente nel mare per darmi tutto il tempo di ammirarlo, a questo rumore di sottofondo che ci accompagna, noi specie umana, da secoli e secoli, a tutti gli uomini che lo hanno ascoltato, al senso della vita, ai misteri del corpo umano e del cosmo, e poi finisco per planare, pratico, alla spiegazione di Gino il benzinaio: cantano perché gli rode. Da alcuni millenni gli rode, alle cicale.

23

Il numero dei giorni non conta se i giorni sono felici. E quei diciotto giorni dell'agosto 2009 lo sono stati. Per me e per Barbara. Ero arrivato a Cozzo Capraro che facevo pena. Dimagrito, bianco malaticcio, senza un pelo in testa, glabro in tutto il corpo, niente peluria sotto le ascelle, sul petto, sulle gambe, sulle braccia. E in qualunque altra parte del corpo vi venga in mente. Con i muscoli delle gambe flosci, quelli delle braccia avvizziti che se li prendevo tra il pollice e l'indice, strizzandoli mi veniva da piangere per le mille pieghe che facevano. Piccole, odiose, minuscole rughe che erano i segnali esterni dei pipistrellisicari: vedi come ti abbiamo ridotto?, dicevano, vedi come ti stiamo assassinando a poco a poco?, sogghignavano, quanto pensi di resistere ancora prima di arrenderti?, sfottevano.

Resistevo. E ho resistito con consapevolezza e pienezza di felicità in quei diciotto giorni di vacanza dal mondo e dalla malattia.

Il pomeriggio ce ne stavamo sdraiati, Barbara al sole e io all'ombra a leggere libri. Io leggevo e riflettevo. Posavo il libro aperto sul petto, chiudevo gli occhi e pensavo alla vita, al fruscio del vento, a quello dei colombacci che salivano dalla valle fino ai grandi pini sulla destra della casa, ai miei giorni passati, a quel tumore che mi rodeva dentro, al mio polmone destro che per tanti anni mi aveva servito così bene e che qualche anno prima, in gran segreto, si era arreso senza combattere e senza avvertirmi al crudele invasore e ai suoi loschi sicari.

Aprivo di occhi e guardavo il bel cielo azzurro della mia Sicilia, il cielo della mia adolescenza e della mia giovinezza, il cielo perduto di quelle stagioni remote che s'era andato a nascondere da qualche parte e che adesso, in quei giorni dell'agosto 2009, tornava a farmi compagnia e coraggio. Solo per questo era tornato da chissà dove. Non avevo bisogno di mantra da ripetere senza sosta, com'era accaduto davanti al mare della Tunisia pochi mesi prima. Sentivo che senza dire nulla, senza invocare nulla, senza chiedere nulla, la mia terra mi stava regalando tutto quello di cui avevo bisogno: la forza, il coraggio, l'energia vitale che governa il mondo e le stelle e ogni possibile firmamento. Sarà anche vero che le galassie si stanno allontanando da noi a velocità supersonica, come ci dicono gli scienziati; sarà tutto vero, ma in quell'agosto le galassie si sono avvicinate a me, nella mia Sicilia, e hanno intonato il canto della vita che sconfigge la morte, il canto della forza che non si lascia impaurire.

Questo ha fatto per me la terra del Capraro in quei giorni. E me li sono goduti, come dire, in diretta, perché a poco a poco, ora dopo ora, avvertivo di star meglio, mi sentivo più leggero, più forte, più sicuro.

È passato un pomeriggio Angelo Carabillò a salutarmi, con il figlio Giacomo, che Pippo ogni volta che può cerca di azzannare. Due persone buone e semplici, che mi sono sempre trovato a fianco nei momenti in cui ne avevo bisogno. Due amici che non mi hanno mai tradito, che ci sono sempre stati.

Il secondo giorno siamo scesi nel porticciolo di Cefalù e Barbara ha messo in moto il nostro gozzetto di sette metri che si chiama «la seconda cozza» perché «la prima cozza» l'abbiamo cambiata qualche anno fa. Ce ne siamo andati in una delle tante calette di Pollina incantate di luce marina e io mi sono tuffato in mare. Con il mio cranio bianchiccio e tondo come il guscio di un uovo. E ho fatto qualche battuta di *crawl* perché mi stancava di più, mi sono fermato a braccia larghe e occhi aperti e ho guardato in giù, verso il fondo, e ho visto la trasparenza dell'acqua salata e della sabbia quando li guardi senza maschera. Lui, il mare, e io, il malato di cancro, ci siamo riconosciuti e ritrovati e riscoperti, perché da molti e molti anni sappiamo tutto l'uno dell'altro. Abbiamo imparato a rispettarci e ad amarci. Ci siamo riconosciuti come due antichi compagni di gioco e anche lui mi ha aiutato, come la terra del Capraro, come il cielo della Sicilia, come gli amici e le ore di quei giorni. Anche il mare della mia isola non ha avuto bisogno di richieste: ha fatto tutto da solo. Energia, vita, speranza, coscienza, voglia di continuare a lottare.

Un mare calmo, calmissimo, senza un'increspatura, magico. Un mare bianco e azzurro di diamanti grezzi, luccichii del sole, spruzzate d'incantesimo. Il vento sulla faccia e quei brillanti stesi davanti a noi a sfavillare. Ho promesso: «Alla prossima Tac penserò a questo mare, chiuderò gli occhi e rivedrò questo splendore argentato». L'ho fatto veramente.

Regali, regali, regali. Non ho fatto altro che ricevere regali benefici in quei giorni. E pensare che credevo di conoscere così bene questo pezzetto di terra!

Una sera sono venuti a cena da noi Giuseppe e Natalia Ayala, e ci hanno portato una pianta colorata molto allegra. Si chiama pyracantha, e produce grappoli di piccoli fiori vermigli. L'abbiamo piantata sul lato est della casa, in direzione di Alicudi. A sinistra tramonta il sole, a destra si stagliano Alicudi e Filicudi. E anche Salina e Lipari, che nelle giornate di cielo terso e venti tesi riesci a vedere. E naturalmente Natalia ha portato il gelo di mellone fatto da lei: cocomero rosso, pistacchio di Bronte tritato, scaglie di cioccolato e qualche gelsomino bianco aperto su quel rosso caramelloso come una promessa carnale di prelibatezza.

Un'altra sera sono arrivati Antonio e Anna Cicero, due grandi amici, di quelli di cui puoi fidarti sempre. Antonio è di Castelbuono, il più grande e raffinato paese delle Madonie ed è stato, insieme a Serafino D'Agostaro e a quel galantuomo di Angelo Aliquò, uno degli artefici del mio arrivo e della mia permanenza a Cozzo Capraro. Senza di loro, e senza Uccio, niente sarebbe potuto accadere. A Castelbuono, e la visita da sola vale il viaggio, c'è nella piazza grande la bottega incantata dei fratelli Fiasconaro. L'unico posto al mondo dove puoi trovare panettoni (sì, avete capito bene, panettoni) freschi anche il giorno di Ferragosto. Un antro delle meraviglie dolciarie che non si dimentica.

Serafino se n'è andato all'improvviso i primi di agosto di cinque anni fa, per fortuna senza soffrire, mentre dava da mangiare alle sue galline nel podere di Rapputi che domina la piana di Bonfornello e Termini Imerese. Un colpo secco, un lampo di luce grande, forse un'ultima sensazione di ricordo. Si è inginocchiato con ancora il becchime in mano. Così è passato, nel bagliore accecante di un pensiero, dall'altra parte del mondo a scoprire il mistero.

Una perdita secca per me e Barbara. Gli volevamo bene come se lo conoscessimo da secoli. Era stato bravo a rubarci il cuore in pochi anni di frequentazione. Certi pomeriggi arrivava con il sorriso aperto di chi non ha niente da nascondere e con il passo sicuro di chi corre tra le nuvole. Portava due ceste al braccio: una di fichi del suo albero per Barbara e una di fichi d'India rosso vermiglio per me. Ovunque sia andato, gli auguro di essere felice.

Non potevano mancare i miei amici di Palermo: Uccio e Bianca, Piero e Caterina, Sergio e Giulietta, Ubaldo e Giada. Barbara sostiene che chi non ci ha mai visto, almeno una sera tutti insieme a prenderci in giro, non sa cosa sia il cazzeggio autentico e come l'amicizia possa essere fatta di cemento indistruttibile. La grande quercia quella sera ha riso e goduto con noi, che ci conosciamo da bambini e come bambini pazzi ci comportiamo quando abbiamo occasione di stare insieme. Solo quando sei cresciuto insieme fin dai primi anni, quando hai traversato insieme stagioni polverose e lontane e indimenticate, puoi parlare con la stessa leggerezza della vita e della morte. Tre di noi stavano messi male, due cancri e un problema serio di cuore, e abbiamo scherzato e scommesso tutti e cinque su chi sarebbe stato il primo ad andarsene, e noi malati abbiamo convenuto che un colpo a sorpresa il destino poteva anche giocarselo a nostro favore. I due sani hanno fatto scongiuri. Comunque ci siamo giurati sotto la quercia e il cielo stellato che a chiunque fosse toccato per primo, gli altri avrebbero celebrato un funerale di allegria e di sbraco, di risate e ricordi allegri, di zingarate vissute, di conchiglie colorate e di onde da settembre inoltrato nella baia di Mondello, quelle più belle da cavalcare.

Si sono fermati a dormire da noi Costanza e suo marito Giuseppe, e quelle cene a quattro sotto le stelle mi hanno fatto bene al cuore. Mentre gli altri tre parlavano io cercavo di immaginare la vita futura di mia figlia, quella che non avrei conosciuto. Lei, suo marito, i loro figli, la casa di Mondello, i cani, le palme e i gelsomini che avrebbero continuato, stagione dopo stagione, ad arrampicarsi su quei muri, coprendoli e profumando l'aria intorno. I viali di Valdesi, gli *sfincioni* e le arancine di Partanna, il *pane consato* di viale Venere subito dopo la circonvallazione, e la rotonda di Mondello, che ci vorrebbe un altro libro solo per spiegare cosa hanno significato nella mia vita.

È stato nel paese di Gratteri che ho scoperto in quei giorni un altro lato del cancro. Eravamo andati con Barbara al bar Italia, sul corso principale del paesino, perché lei voleva comprare le sigarette. Il proprietario mi ha fatto grandi feste e offerto il caffè. Poi mi ha chiesto come stavo perché anche lui aveva saputo, sapete com'è, corrono in fretta le storie sulle stradine in pietra che s'arrampicano nel paesino di Gratteri. Gli ho raccontato che in quel momento stavo bene ma che la faccenda era un po' complicata e nessuno poteva dire come sarebbe andata a finire. Lui mi ha detto, testuale: «Vede direttore, mia moglie, cinquantatré anni, mai una malattia in vita sua, e mio fratello, una roccia, un omone di cinquantotto anni, ebbene, il cancro in sei mesi se li è squagliati tutti e due». Ha usato proprio questo verbo: *squagliare*. Mi ha guardato in faccia e con aria sincera ha aggiunto: «Ma lei non si deve arrendere, non è che può vincere sempre lui».

Guidando verso casa ho detto a Barbara: «Dovevo venire fino a Gratteri per sentire che il cancro ammazza? Meno male, almeno uno che ti dice la verità». Tutti quanti finora, per farmi coraggio, mi avevano raccontato solo storie a lieto fine. Diceva uno: il fratello di mia moglie, dato per spacciato, sono dieci anni che campa e sta meglio di me. Un altro: la zia di mia cugina, una dozzina di metastasi nel cervello e altrettante nelle ossa, praticamente morta, si è svegliata una mattina e non aveva più niente, adesso è tornata a fare una vita normale, anzi mia cugina dice che ha un carattere peggio di prima. E poi ancora un terzo: ma lo sai che il portiere del mio stabile era più morto che vivo, aveva più metastasi che capelli in testa, la moglie aveva cominciato a raccomandarsi a noi condomini affinché non la mandassimo via dopo la morte del marito, ebbene, lui, Cesarino, è ancora lì a pulire scale e lucidare vetri, e il cancro, un bel momento, senza avvisare nessuno, se n'è andato a farsi fottere da qualche altra parte?

Insomma, fino a quel mattino d'estate a Gratteri, di cancro sembrava non morisse più nessuno. Non ce n'era uno, dico uno, del quale mi dicessero: non c'è l'ha fatta il povero Alfonsino, se n'è andato, il tumore se l'è portato via. Tutti miracolati, tutti vivi a lottare insieme a noi. Mi dispiace per loro, ma almeno due cristiani la malattia più crudele del secolo se li era *squagliati*.

Eppure mi ha fatto bene quel discorso. Quello stesso pomeriggio, sarà stato un caso direte voi, leggendo un libretto di pensieri di Albert Camus ne ho trovato uno folgorante, che rispecchiava in maniera financo plateale il mio momento: «Nelle profondità dell'inverno ho imparato alla fine che dentro di me c'è un'estate invincibile». Come avrei potuto dirlo meglio?

La notte più magica di quel soggiorno e di tutto il 2009 è stata quella del 12 agosto. Eravamo andati a mangiare con Barbara una pizza e le patate «vive», così vengono chiamate a Gratteri quelle appena raccolte, alla Villa di Rosario, uno di quei siciliani perbene fatti con lo stampo antico come oggi non se ne fanno più. Lui, il fratello e la madre, durante i mesi di luglio e agosto, facendo il turno e dandosi il cambio, tengono aperto quel bar-trattoria-ristorante ventiquattr'ore su ventiquattro e nessuno di voi si chieda perché diavolo abbiano deciso di tenere aperto tanto a lungo in un paesino sperduto come Gratteri. Non chiedetevelo perché prendereste una cantonata. Per tutta la sera e la notte fino a molto tardi, i giovani calano da tutti i paesini delle Madonie e vengono a Gratteri a mangiare una pizza, bere una birra, chiacchierare e lasciar passare il tempo come capita da sempre a tutti i ragazzi del mondo. Si accampano davanti alla Villa come se fossero in corso Como a Milano o in piazza Campo dei Fiori a Roma.

Comunque, eravamo da Rosario anche perché gli voglio bene e mi faceva piacere salutarlo. Abbiamo cenato e ce ne siamo tornati a casa. Barbara è rimasta con me sdraiata fuori a guardare la costa e il cielo tutti illuminati. Due illuminazioni diverse in una sera di calma e placida armonia. Una sera come tante altre al Capraro. Dopo un poco, saranno state le dieci scarse, mia moglie mi ha salutato ed è salita in camera da letto. Io non avevo sonno e sono rimasto ancora sdraiato. Mi sentivo bene, mancava ancora una settimana al ritorno, ma quelle due settimane scarse che erano già trascorse mi avevano letteralmente trasformato.

Non la voglio fare lunga ma, davvero, mai prima e mai più dopo un posto mi aveva fatto tanto bene in così pochi giorni come quel pezzo di terra siciliana. Avevo acquistato forza e tonicità, mangiavo con appetito, era quasi scomparso quell'odioso sapore di petrolio che da mesi la chemio lasciava sulla mia lingua e dentro la mia bocca qualunque cosa tentassi di mandar giù. Il pomodoro era ridiventato pomodoro, le melanzane erano tornate le melanzane di sempre, il pane sapeva di pane e un piatto d'insalata era di nuovo un'insalata fresca e appetitosa dove la lattuga dell'orto regnava sovrana. Per non parlare della pasta al pomodoro e delle arancine di riso.

A tutto questo e a molte altre cose ancora pensavo quella sera d'agosto mentre guardavo il cielo e respiravo con gioia dopo tanto tempo. La calma della notte era dentro di me, lo scintillio delle stelle mi apparteneva, la grazia di sentirsi bene mi rincuorava. Notte d'agosto al Capraro, sembra poco e invece mi riempiva tutto. Posso dirlo? Mi sentivo di nuovo vivo dopo un sacco di tempo. Una sensazione bellissima, consolante, piena di aspettative. E chi ce le aveva avute più le aspettative dopo quel pomeriggio del 19 maggio?

È stato a quel punto del mio ragionare, vagando tra le costellazioni, che la stella è esplosa. La magia che mi ha regalato non l'avevo mai immaginata. Mi sono sentito come in un film di Spielberg, quando si parla di avventura, onore e gloria e dietro i nostri eroi sullo schermo le stelle di cartapesta cadono a decine.

Esattamente davanti a me, nello spicchio di cielo che in quel momento guardavo, come se aspettasse il mio sguardo per entrare in scena, la stella è esplosa al rallentatore, dandomi il tempo di pensare: che bello!, una stella cadente, di pensarlo con calma e di vederla cadere lentamente. Voi sapete bene com'è di solito con le stelle cadenti: stiamo lì a naso in su ad aspettarle, e quando finalmente ne vediamo una è talmente veloce che spesso non facciamo in tempo neppure a dire: devo esprimere un desiderio, che quella è già finita polverizzata in qualche buco nero dell'universo.

Ora, io dico, ci mette mille o duemila anni a farsi vedere da noi dopo che è esplosa lassù in qualche parte remota e inaccessibile, che uno pensa: dopo averci messo tanto, una volta arrivata da queste parti dovrebbe stare qualche secondo in più a brillare e dovrebbe metterci più tempo a scomparire, non decimi di decimi di secondo. Dovrebbero darci, benedette stelle cadenti, il tempo di pensare al nostro desiderio e di esprimerlo compiutamente. Invece sono tanto veloci che spesso ci chiediamo: ma sarà valido il desiderio dopo che la stella è caduta per sempre nel buio? Diciamo la verità, il dubbio rimane.

Il 12 agosto non c'era alcun dubbio possibile. Mi era stata regalata da qualcuno lassù che deve contare molto, ma molto per davvero, una stella cadente tutta per me.

L'ho vista esplodere al rallentatore, la stella ha fatto paff!, anzi più esattamente ha fatto paaafff!, con maggiore lentezza, e se accompagnate quel paaafff! aprendo i palmi delle mani e allargando (lentamente) le braccia, avrete il tempo esatto dell'esplosione della stella. Paaafff!, e la stella è esplosa. Ho pensato: guarda, una stella è esplosa lassù. Poi la stella ha cominciato a cadere, da sud a est, da destra verso sinistra prendendo come punto di riferimento le querce in alto sulla collinetta dietro la casa. E mentre cadeva e cadeva e cadeva, perché ha usato il rallentatore anche nella sua caduta, io ho avuto tutto il tempo di dirmi: è esplosa, sta cadendo, devo esprimere un desiderio. L'ho espresso. In verità era pronto da alcuni mesi, da molte settimane, da novantasei giorni. Un desiderio semplice che tutti avranno capito ma che deve restare segreto altrimenti non vale. E poi sono rimasto a bocca aperta come un bambino che ha assistito a un miracolo e ha abbastanza fede e ingenuità e sincerità dentro di sé per non metterlo in dubbio.

So che una cosa simile non mi accadrà più. So benissimo, che voi ci crediate o meno, che quella stella nessun altro avrebbe potuto vederla quella sera perché era destinata a me soltanto. So anche che non m'importa mettere insieme una serie di circostanze per essere certo di quello che dico. Una cosa solo conta: io ero lì sotto, in un'isola sconosciuta al resto dell'universo, e quella stella era lì sopra, pronta a farsi vedere da me in una notte d'estate. È esplosa, è caduta, è scomparsa, mi ha dato la possibilità di esprimere un desiderio e mi ha lasciato un segno nell'anima. Non ho sognato, è stato tutto vero.

Ne ho parlato con mia moglie e con i miei amici Paola e Maurilio che sono venuti a trovarci nell'ultimo weekend che abbiamo passato a Cozzo Capraro. Loro mi hanno creduto, io so che è stato tutto vero, e questo mi basta. Ne ho parlato segretamente anche con il mio alter ego cartaceo Gino, la sera stessa, prima di andare a dormire. Gli ho detto quello che era accaduto. Mi ha risposto: «Adesso possiamo sperare». Sì, credo abbia ragione lui, adesso dobbiamo tornare a Roma, a combattere di nuovo e a fare la radioterapia. Ma possiamo sperare.

Così è stata quella notte del 12 agosto, così sono stati quei giorni sulle Madonie dalle parti di Cozzo Capraro tra i castagni e i sugheri centenari.

Lo so che può sembrare la pazzia di un malato grave che ha paura di morire e quindi straparla, ma io continuo a pensare che c'è un disegno preciso che lega noi e il destino, gli uomini incapaci di capire e la forza grande che comanda tutto l'universo e ognuno chiama come più gli aggrada. So che la fede in questa forza è importante, che è un dono, ma so anche che se non hai fede niente ti impedisce di vedere lo stesso i piccoli miracoli quotidiani di ogni giorno e i grandi miracoli che magari, di tanto in tanto, traversano la tua vita. Quello che davvero non puoi fare è andare avanti a occhi e testa bassi come un toro che carica. Non puoi pensare che le cose importanti, quelle che davvero contano, siano le stupide cose banali dentro le quali ti perdi ogni giorno pensando che lì si trovano la verità e la spiegazione di tutto.

Anche a questo, credo, servono le malattie gravi: ad aprirci gli occhi e magari, se sei fortunato, a farli aprire anche agli altri. Ci saranno sempre uomini che soffrono e si straziano dentro letti d'ospedale appesi a flebo e cannule. Che sentono il dolore e non riescono a fermarlo. Che sono deboli e che moriranno presto perché hanno smesso di lottare o perché non ne hanno più la forza. E nemmeno, poveretti, la voglia.

Ma ci dovranno essere sempre, dall'altra parte della sponda, persone che soffrono e hanno paura, ma che troveranno la forza di gridare: non abbandonatevi al dolore e alla stanchezza mortale, non mollate, non cedete di un passo, la malattia si può vincere e il dolore può finire da un momento all'altro. E comunque continuate a provarci. Se proprio dovete andarvene, fatelo con onore dopo aver combattuto fino alla fine la vostra battaglia. Sarete ricordati per la dignità e la forza con cui siete usciti, non per il modo in cui siete entrati in questa vita. Sì, è vero, nell'uno e nell'altro caso siamo stati e saremo soli. Ma in modo diverso.

È l'uscita di scena che conta: a entrare sul palcoscenico, in un modo o nell'altro, sono buoni tutti. Questo non lo dico io, ma lo diceva sempre uno che se ne intendeva, quel grande di Eduardo a suo figlio Luca: «Posso insegnarti a entrare in scena, ma uscire in maniera giusta e nobile dipende solo da te. È una delle cose che distinguono il guitto dal grande attore».

24

Lo dicono tutti, la radioterapia è un'altra cosa rispetto alla chemio. Non ho sentito altro in quei giorni che hanno preceduto la mia prima seduta. È la fine d'agosto. Sembra già remota la stagione del Capraro. A Roma il tempo è splendido, l'autunno s'annuncia possente. Vado all'Ars Medica, una clinica che sta dalle parti di Vigna Clara, per fortuna vicino casa, visto che mi toccherà visitarla due volte al giorno per quasi due mesi. Sarò in cura dal professor Giovanni Creton. Barbara lo conosce bene. Molti anni fa, da giovani medici appena specializzati, hanno lavorato insieme. «È un professionista bravissimo, molto serio, che segue i pazienti con un'attenzione particolare. Ti piacerà» mi dice.

Ha ragione, Creton mi piace. Ha una faccia simpatica e buffa. È scrupoloso, serio, divertente, attento, meticoloso. Molto informato di quello che accade in campo internazionale. Imparerò nelle settimane seguenti a non sottovalutarlo mai quando parla della sua materia. Legge molte riviste scientifiche inglesi e americane; parla poco di queste cose, ma quando lo fa sa quello che dice. È uno di quei medici che si informa del tuo stato di salute, ti lascia parlare, ti spiega cosa farà, come lo farà, che tipo di reazioni potresti avere nel corso della cura. Non promette miracoli, ma crede in ciò che fa. Accetta che a volte i miracoli possano accadere, a prescindere da ogni suo convincimento interiore. È un uomo tutto lavoro, maniacale da questo punto di vista. Ha creato una onlus per l'assistenza domiciliare gratuita ai malati oncologici terminali, la Ryder Italia. Una cosa seria, difficile da portare avanti, ma seria. A questa onlus ho destinato il mio ultimo cinque per mille, e non me ne sono pentito.

Creton quando sorride sembra un attore di teatro, più che un medico. Si muove come un folletto in questo lungo corridoio al piano interrato della clinica. Le pareti sono ricoperte da una serie di manifesti anni Cinquanta che non so dove siano andati a pescare. Lo chiedo a Creton, ma anche lui li ha trovati lì quando è arrivato. I manifesti rappresentano scene d'amore e sembrano disegnati da un caricaturista ubriaco dell'immediato dopoguerra. «Tramonto romano» dice uno, e si vedono due innamorati sulla terrazza del Gianicolo che guardano la città ai loro piedi. Sono giovani, belli, fichissimi. Lei ha una vitina sottile come usava allora e due tette che sembrano quelle della Loren giovane. «Patente nuova» è scritto su un altro, e c'è la solita bonazza tipo *Poveri ma belli* con un seno da sballo che ha preso in pieno la pedana circolare su cui il vigile urbano dirige il traffico:

lui la guarda, in realtà guarda sbalordito il suo seno straripante, mentre la ragazza, capelli neri boccolosi e occhi verdi da gatta, fa un segno di scusa, ma si capisce che non accadrà nulla, al massimo lui la inviterà a prendere un chinotto e poi, si sa com'è, magari da cosa nasce cosa. Insomma avete capito il genere di manifesti di cui sto parlando.

Creton mi presenta la sua équipe: la dottoressa Marica Morfini e i due assistenti tecnici, Guido e Giorgio, romanisti e molto simpatici. Durante tutta la radioterapia saranno tutti sempre molto gentili, carini, disponibili e professionali.

Prima di fare la radio devono farmi la *centratura*. In pratica mi sdraio come per fare una Tac e loro *centrano* la parte di polmone che dovranno irradiare. Lì dove ci sono i linfonodi e la lesione tumorale, la caverna delle mie fantasie. Segnano i punti con piccoli aghi e inchiostro di china, come fosse un tatuaggio. Non è doloroso, non si sente nulla. Tutta la radioterapia è così. Non è invasiva e all'apparenza non senti niente. Ma spara raggi potentissimi contro la parte malata, brucia tutto, colpisce il più precisamente possibile il tumore e i suoi linfonodi arrostendoli. Se Creton e i suoi assistenti fossero qui con me mentre descrivo in questo modo il loro lavoro, inorridirebbero e griderebbero di disgusto; e a ragione. In realtà dovrei dire che in questa fase importantissima del trattamento si individua con estrema precisione la zona da irradiare, detta target o bersaglio (ragazzi, un po' di rispetto, sono io il bersaglio, nessuno prima d'oggi mi ha chiamato in questo modo, e la cosa francamente mi infastidisce), per proteggere gli organi sani vicini all'irradiazione, i cosiddetti «organi a rischio».

E naturalmente, per definire la radioterapia, Creton e i suoi direbbero che questo tipo di trattamento utilizza i raggi X ad alta potenza prodotti dall'acceleratore lineare, che è costituito da un lettino sul quale il paziente deve sdraiarsi, e attorno al quale ruota la testata della macchina, detta *gantry*, da cui originano i suddetti raggi.

Ma quello che conta, qualunque terminologia si voglia usare, è che abbiate capito: la radioterapia apparentemente non fa male, non è mai invasiva (l'ho già detto ma è sempre meglio ripeterlo), le sedute durano pochi minuti, ci vuole più tempo a trovare la posizione giusta, *centrata*, che a ricevere i raggi X.

«Non collabori» mi ordina Guido il primo giorno, 2 settembre del 2009. Sarà lui a spostarmi sul lettino per trovare la giusta posizione. Io non collaboro, loro mi *centrano* ed escono dalla stanza. Stanno dall'altra parte del muro, ma possiamo comunicare se qualcosa non dovesse andare per il verso giusto.

È la solita storia. Come per la Tac e la Pet. Tu da una parte, loro dall'altra, fa parte del gioco, nulla da eccepire. Resto immobile, mi è stato raccomandato in tutte le lingue e con tutte le cortesie possibili. Se mi muovo bisogna rifare la radio. Quindi resto immobile con le braccia doloranti sopra la testa aggrappate a due maniglie, e la macchina comincia a ruotare sopra la mia testa. È una grande ruota schermata da un braccio che si muove contemporaneamente a lei ma dalla parte opposta. La ruota gira, anzi gira la ruota e a un certo punto si ferma. Poi è come se prendesse la rincorsa, il meccanismo al suo interno comincia a muoversi e accelera. Si ferma di nuovo e allora senti un sibilo persistente: due, tre, quattro secondi. Sono i raggi X che fanno il loro lavoro: vanno a «bruciare» il tumore e i suoi escrementi. Non vedi niente, non senti niente, ti auguri che gli organi sani vengano risparmiati, ma questo non dipende da te, dipende dalla bravura di Creton e dei suoi assistenti, dipende da quanto è stata veramente *centrata* la *centratura*, e talvolta non dipende neanche dal bravo Creton e dai suoi bravi assistenti, perché le cose dentro il tuo corpo possono essere così complicate e *inturcionate*, come si dice dalle mie parti, che non c'è *centratura* che tenga, qualche pedina sana cade e si immola insieme a quelle marce.

Imparerò a conoscere quel lungo corridoio del piano interrato, le segretarie in gonna rossa e camicetta rosa, la varia umanità che staziona in sala d'attesa, ognuno con i suoi problemi e la sua croce da portare. Vedrò i bambini malati, che saltellano o vengono portati in braccio dai loro genitori fino ai piccoli bus dell'Ospedale del Bambin Gesù che li aspettano fuori. Conoscerò la signora anziana che ha sempre un'aria così sfiduciata che fa tenerezza, la giovane ragazza con il grande foulard colorato di Gucci in testa e il sorriso dolce, la moglie di un paziente che viene portato in carrozzella con una cannula in bocca. E il signore di una certa età, lungo e magro, molto distinto, che passa il tempo a cambiare canale della televisione che sta in alto proprio sopra la porta della sala d'attesa. Con lui c'è sempre la moglie, che sgrana imperterrita il suo rosario e mormora parole di sacrestia a voce bassa e a occhi chiusi. Immagino che ai due accada lo stesso mentre stanno a casa: lui a cambiare canale senza sosta e lei a recitare il rosario del pomeriggio o della sera. *Il Grande Fratello* e l'odore d'incenso, *L'Isola dei Famosi* e la visione dei lumini accesi davanti ai dagherrotipi dei morti di famiglia.

Un giorno è entrata una signora del *generone* romano, targata Vigna Clara o Vigna Stelluti, sono tutte uguali quelle come lei nei vari quartieri di Roma. Immagino avesse parcheggiato fuori il Suv (hanno sempre un Suv), metà sul marciapiedi e metà per strada, a lisca di pesce. Era vestita casual molto elegante, tutina grigia di marca e scarpe da tennis argentate con rinforzo. Di quelle che servono a giocare a pallacanestro tra i professionisti americani, o a fare le fighette per strada, non importa l'età. Una bella donna che sapeva di esserlo. Sui quarantacinque anni, capelli mesciati finto biondo, nessun botulino né labbra pirellate a gommone, niente male nel suo genere, a chi piace il genere.

Era in compagnia dei suoi figli, due bei ragazzi adolescenti, ciuffo biondo, corporatura atletica. E sani. Credetemi, sani come pesci in salute. Un malato di certe cose se ne intende, ha un occhio speciale per quelli che malati non sono. Erano venuti per una visita al ginocchio di uno dei ragazzi. Si sono appartati in sala d'attesa, sembravano marziani in quel luogo di paura e di dolore. Lei neanche si guardava intorno, come se non ci fosse nessuno. In un certo senso la capisco. Sono stato contento che non c'erano bambini nel corridoio che uscivano dalla stanza della radioterapia, né la giovane ragazza con il grande foulard di Gucci a celare la calvizie. E sono stato contento anche quando il trio se n'è andato.

Subito dopo è venuto Giorgio a chiamarmi. Toccava a me. Mi sono alzato mentre il vecchio signore cambiava canale.

Ho guardato un altro manifesto nel corridoio. I due soliti bellocci, lei sempre con tette da sballo, lui riccetto e faccia da balordo che piace alle donne. Lui: «È meglio così, farla finita adesso. Ma tu non piangere». Lei, voltata dall'altra parte e con due lucciconi negli occhi azzurro cielo: «Piangere? E perché dovrei piangere? Tanto non ci amiamo...».

Entro nella stanza della radioterapia. «Pronto?» mi fa Giorgio. Comincio a spogliarmi.

25

Intanto, come se nulla fosse, ci si abitua al cancro. A conviverci. È sbalorditivo come avvenga il cambiamento. È ancora più straordinario il fatto che non te ne accorgi. Un bel giorno, mentre cammini per strada e ti carezzi il cranio bianco-panna tutto spelacchiato, sembra di averlo avuto sempre così. Non ci sono mai stati i capelli a coprire quella sconcezza estetica.

Da ragazzo mai un'irritazione, una puntina di acne, un foruncolo in faccia o sopra le labbra. Niente di niente, un vanto, una bellezza, un trionfo della pelle liscia regalato senza merito. E adesso invece hai strani arrossamenti sul petto, la pelle sotto le unghie si sfoglia come buccia di cipolla, sulla fronte vanno e vengono puntini rossi, piccoli ma fastidiosi. E sulla coscia sinistra c'è un vero e proprio accampamento di foruncoli più tenaci di un pensiero opprimente, e quando per caso ci sfreghi sopra, ti bruciano come se fosse pelle viva. Acne senile? ci scherzi su. Magari invece è la conseguenza del cancro e dei veleni che la chemio ti spara dentro. Perché dimenticavo: oltre alle due sedute giornaliere di radioterapia, faccio anche, il venerdì, una seduta di chemioterapia, per non perdere l'abitudine. Veramente, mi spiegano i medici, perché le due cose fatte insieme si potenziano l'una con l'altra. È tutto normale, mi dicono. È tutto normale, mi dico.

I gomiti si sbucciano e compaiono due ferite proprio lì dove li appoggi. Naturalmente non ci sei abituato e quindi salti per aria ogni volta che ti capita di metterli su una superficie ruvida. Mia moglie mi riempie di creme e cremette d'ogni tipo. La mattina, dopo la toilette, è tutto uno spalmare, aggiungere, levigare, massaggiare, lavorare in superficie. Mai avuto niente di simile in vita mia, ma non mi devo preoccupare: la responsabilità è delle piastrine che, aggredite dalla chemio, soccombono e scarseggiano per qualche tempo. Tranquillo, mi rassicurano i medici, siamo nella norma. E mi parlano con attenta e affettuosa partecipazione, come si fa con un cretino che si ostina a non voler capire la normalità delle cose.

Fanno male le ossa e vengono crampi ai polpacci. La mattina presto, appena ti svegli e fai per stiracchiarti, il dolce, automatico, rilassante stiracchiamento mattutino delle gambe. Ti prende subito un crampo che nemmeno quando giocavi a calcetto da ragazzo. E resti immobile senza fiato per qualche minuto, aspettando che passi. Le provi tutte, ricordando i consigli del massaggiatore quando eri giovane. Non funziona neanche il trucco universale: soffiare con forza dentro la narice destra, chiusa con la mano sinistra, se il crampo è sul polpaccio destro. Soffi e sbuffi ma non succede niente, ti tocca aspettare. La stessa cosa per i dolori alla schiena. Sono i reni, chiedi, o si tratta di semplici fastidi muscolari? Che vogliamo farci, torna il ritornello: non esagerare che abbiamo già abbastanza problemi senza che li carichi con i tuoi fantasmi di malato. È la normalità del tumore.

Ti alzi dal letto e un piccolo giramento di testa ti suggerisce che la prossima volta dovrai farlo con più calma. Nessuno ti corre dietro, non devi più andare in ufficio, sei un pensionato agiato, vivi la vita con saggia lentezza. Ma in fondo anche questo è normale.

Poi scopro che, oltre a tutto quello che mi porto appresso, devo fronteggiare anche una fibrillazione atriale, che per carità non è niente di grave, mi rassicura il cardiologo. La gente ci campa vent'anni, e quindi non è il caso di preoccuparsi più di tanto, magari ci campasse altri vent'anni con il suo polmone destro, aggiunge furbamente complice. Faccio finta di non accorgermi della provocazione nelle parole del cardiologo. Ma devo prendere medicinali anticoagulanti per il sangue, per evitare che si formino grumi che arrivino tranquilli al cervello come per una scampagnata e mi venga un'embolia che risolverebbe tutto in un secondo.

«Che non sarebbe neanche il peggio che mi possa toccare» azzardo, aumentando intanto a nove il numero di pillole da prendere ogni giorno. «Non dire stupidaggini» mi rimprovera mia moglie, ricordandomi tutti quei disgraziati che l'ictus ha ridotto per anni su una poltrona mezzo rincoglioniti o rincoglioniti del tutto. Quella sì, sarebbe una vera tragedia, sembra dire. Perché il tumore al polmone cos'è, un picnic in campagna? vorrei ribattere, ma sto zitto. E allora, per evitare le discussioni inutili che fanno male al fegato, prendo anche il Coumadin che fluidifica il sangue ma che mi riempie le mani e le braccia di ematomi brutti da vedere e lunghi a passare. I medici, con espressione terribile e sgraziata, le chiamano *petecchie*, e spiegano che dipendono dalla scarsità di piastrine, diminuite per via della chemio. Ecco, sono pieno di *petecchie* sulle braccia e sulle mani. Ma siamo onesti, ci si abitua anche agli ematomi giganti, ai lividi sulle braccia e alle ferite che non si rimarginano sotto i gomiti. Vogliamo fare una tragedia per appena una dozzina di inguardabili, malinconiche *petecchie*?

La domenica sera mi metto a tavolino, tiro fuori tutte le scatole di pillole che ho in bagno, e preparo la lista della settimana. Ho comprato in un negozio specializzato (lo sapevate che c'erano negozi specializzati anche in porta-pillole?) tre eleganti astucci di plastica con sette scompartimenti ciascuno: uno per la mattina, uno per il pomeriggio e uno per la sera. E ognuno per ciascun giorno della settimana. Comincio a riempirli di pillole colorate. Ve ne risparmio l'elenco e la forma, ma non pensiate che le pillole siano tutte uguali o tutte tonde. Anche in questo settore la fantasia si è sbizzarrita. Alcune sono molto grosse e, quando ho avuto difficoltà a deglutire per problemi alla trachea, le dovevo spezzare in tre o quattro parti. Una volta completata la programmazione settimanale, so che un'altra settimana è passata e io sono ancora in piedi e in grado di ragionare. Non è cosa da poco, vi assicuro.

Ma intanto cos'è questa sensazione? Certo, che stupido, ancora nausea. Niente di esagerato, tutto assolutamente sotto controllo. Vabbè, non trasformiamola in problema, sempre di nausea si parla, e mi sembra che ho superato prove peggiori, no? Per combattere la nausea non c'è molto da fare: o prendete una pillola o vi armate di santa pazienza e aspettate che finisca. Vi dico la verità, pillola più pillola meno, io preferisco la prima soluzione. Non sarà un Plasil a farmi saltare l'equilibrio medico-farmacologico che mi sono costruito. La nausea è dovuta alla radioterapia, mi ripetono i medici, mi ripete mia moglie, mi vado ripetendo io. È un effetto collaterale privo d'importanza. Fastidiosa, certo, ma priva d'importanza. D'accordo, ma quanti effetti collaterali ha questa benedetta radioterapia?

Se invece vi capita di soffrire di diarree improvvise, allora potete seguire il consiglio della nutrizionista

Anna D'Eugenio, una che conosce il suo mestiere. Fatevi una tazza di tè, meglio se tè verde, e quando è bella calda versateci due cucchiai grossi di parmigiano grattugiato. Sì, avete capito bene, parmigiano grattugiato. Mescolate, aspettate che si stemperi, e poi bevete. Vedrete che andrà meglio.

Ve lo devo ripetere anche in questo caso? La diarrea è sempre un effetto collaterale della chemio o della radio. O di tutte e due insieme, non ricordo bene.

Vai al bar con un amico, lui ordina un analcolico o un bianco gelato, e tu prendi una camomilla. Avresti preferito una tisana, ma la tisana non ce l'hanno. Chissà perché a Parigi o a Londra o a New York tutti i bar, anche i più insulsi, servono tisane profumatissime, mentre a Roma è come se chiedessi uno spicchio di luna nel bicchiere quando domandi una semplice, onesta, innocua tisana.

Non importa, andiamo avanti. Bevi la tua camomilla, guardi il tuo amico parlare del più e del meno, e nel frattempo ti accorgi che la camomilla (la camomilla?, ma come è possibile, non starai sbagliando?) ti si è piantata sullo stomaco neanche fosse un piatto di fagioli con le cotiche. Mai sentito parlare prima di una camomilla che ti si pianta sullo stomaco. Ma non è un controsenso? No, è una cosa reale, incredibile ma reale. Però in fondo è normale anche questo, svegliati ragazzo, hai un brutto cancro, uno di quelli che rischia di ammazzarti in pochi mesi, mica vorrai che le cose filino lisce come prima?

Non vi ho detto tutto perché qualcosa mi sarà scappata di mente, ma certamente vi siete fatta un'idea di come vive un malato di tumore. E io non sono tra i più sfortunati. Se leggeste qualcuna delle mail che mi manda il popolo di Gino, capireste di quante orribili cose è popolato questo mondo.

Ormai questa storia del cancro ai polmoni la sanno praticamente tutti, e se capita qualcuno che ancora non la conosce quasi mi spazientisco e finisco per essere frettoloso e brusco. In fondo è una vecchia storia, ne vogliamo ancora discutere? L'altro ti guarda e deve pensare: "Poveraccio, questo ha sbroccato proprio" e si sente in imbarazzo come se ti avesse violentato facendoti parlare di qualcosa che volevi tenere nascosto. Io invece non vedevo l'ora di togliermi di torno la faccenda ormai burocratica del tumore e parlare d'altro, andare avanti, essere *altrove*.

M'è capitato una sera, che eravamo andati fuori io e Barbara a cena. Noi due soli. Molto presto, perché non volevo fare tardi. All'uscita dal ristorante Il Moro, dove anche un morto resusciterebbe per come si mangia, abbiamo incontrato due amici: Stefano e Margherita Brusadelli, e lei guardandomi la testa fa: «Un nuovo look?». Lo ha detto in maniera carina, per niente aggressiva. Aggressivo sono stato io: «No, ho un tumore non operabile al polmone destro» ho risposto. Una cosa da stupido e da maleducato. Per giorni non sapevo come rimediare, avevo reagito in un modo che non mi appartiene, soprattutto con persone che sono sempre state gentili e disponibili nei miei confronti. Per fortuna Stefano e Margherita sono più intelligenti di me, e hanno capito. Di quell'episodio nei nostri rapporti non è rimasta traccia. L'ho raccontato solo per far capire come, dopo mesi e mesi di pressione psicologica dovuta alla tua malattia, rischi di dare di matto senza neanche accorgertene.

Impari a lasciar correre quando ti dicono: «Ma lo sai che hai proprio una bella faccia? Stai molto meglio dell'ultima volta che ti ho visto, che eri tutto smagrito e avevi due occhi grandi così». Due occhi grandi *così*? E che vuole dire con quel *così*? *Così* come? Fra l'altro l'ultima volta che ci siamo visti quel tizio mi ha detto esattamente la stessa cosa e già se n'è dimenticato. Ma chi se ne frega, non saprò mai com'erano quegli occhi grandi *così*, si può vivere lo stesso, ho il cancro ragazzi, questa non è una passeggiata di salute. Sono stato abbastanza chiaro?

Insomma sono cambiate molte cose nella mia vita, cose che avrei ritenuto inaccettabili fino a qualche mese fa e che ora invece mi sembrano del tutto normali. Non sono più io, ma sono sempre lo stesso, o almeno mi ci sono abituato. È un bene? È un male? Non so dirlo, è la vecchia storia dell'uomo riuscito a diventare il numero uno tra le specie animali di questo pianeta perché si abitua e si adatta a tutto. Il che mi sembra vero fino a un certo punto. Anche le cicale, come abbiamo saputo, resistono e si abituano, ma stanno sempre lì a rodere. E gli scarafaggi allora, gli scarafoni mitici della leggenda napoletana che ognuno è bello a mamma sua? Anche loro abitano questo mondo da un sacco di tempo e si sono adattati a tutti i cambiamenti: ma sempre scarafoni sono rimasti. A dirla tutta, mi pare che c'è qualcosa che non quadri in questa faccenda. Forse, più semplicemente, non posso fare diversamente e quindi sono costretto ad abbozzare.

Ma su una cosa non mi va di abbozzare. Sul fatto di raccontare che la radioterapia non è poi questa gran tragedia e che, a differenza della chemio, si sopporta meglio. Per qualcuno sarà stato diverso, ma a me è andata così.

Sapete cos'è *la fatigue*? Così i francesi chiamano quello stato fisico (e anche d'animo) che ti lascia spossato, fiaccato, affaticato fino al limite del sopportabile. Non è lo sfinimento di luglio che mi stava portando via a poco a poco. È qualcosa di più sottile, di orribile, di peggiore. È una stanchezza totale per tutto il corpo, nel cervello, nel tuo stato d'animo. Qualcosa che ti porta a non pensare, a non chiedere, a non essere. Non hai voglia di arrenderti, ti senti già arreso e hai solo voglia che tutto passi, il più in fretta possibile. Così mi ha fatto sentire la radioterapia dopo tre settimane di trattamenti. Una fatica terribile.

Adesso, a distanza di un anno, sembra tutto logico. Solo uno sciagurato ottimista come me poteva pensare che ti sparavano con i raggi X, ti *seccavano* i polmoni e te li bruciavano insieme ai bronchi per ammazzare quegli orribili pipistrelli, senza che ci fossero conseguenze nel tuo corpo, nel tuo cuore, nelle tue angosce. Dentro quella parte del cervello dove stanno racchiuse le nostre paure, una sorta di losco vaso di Pandora, proprio lì dentro, dove non osiamo mai andare a guardare, qualcosa s'è fatalmente crepato. Ricordate il rumore degli elicotteri che arrivano carichi di napalm in *Apocalypse Now?* Era inevitabile che qualcosa si crepasse nel mezzo di questa battaglia. E da quella crepa, ormai lo avrete capito, sono usciti i demoni.

Di solito escono di notte, quando stai sonnecchiando e la coscienza è meno vigile, meno attenta, meno preparata ai cambiamenti. Escono e cominciano a giocare con i tuoi incubi. Uno dei peggiori è quello di non riuscire più a respirare, di morire per mancanza di aria. L'aria, ti manca l'aria. C'è fine più atroce? Forse sì, perché le fini sono tutte atroci. Ma la mancanza d'aria è direttamente collegata alla malattia al polmone.

Sono le due di notte, questa volta non ti fa male il colon, questa volta c'è qualcosa nel petto, dentro al petto, che chiaramente non funziona.

Ogni volta che provo a chiudere gli occhi, sfinito dal sonno e dalla stanchezza, devo riaprirli immediatamente perché altrimenti non respiro. Se provo a respirare forte, a prendere aria e conservarla per un grosso, liberatorio respiro, comincio a tossire e devo alzarmi dal letto per non svegliare Barbara.

Mi alzo anche perché, quando sto in piedi, questa sensazione orrenda di mancanza d'aria si attenua. Il giorno dopo, in clinica, mi hanno spiegato che era solo un problema cardiaco e che il fenomeno (normale anche questo, ci mancherebbe) si chiama «fame d'aria».

Ma intanto, quella notte di fine settembre, comincio a vagare per la casa con la mia fame d'aria. Sono stanco, ma non posso mettermi sdraiato, né in poltrona. Dopo vari tentativi scopro che la posizione migliore è stare seduto sul tavolino rettangolare del salotto, le mani sulle tempie e i gomiti (per quanto le ferite lo permettano) sulle cosce. Sembro un filosofo notturno che medita sotto le stelle sul destino dell'uomo e sulla legge morale dentro di lui, sono invece un povero disgraziato che ansima perché non riesce a respirare e ha una paura fottuta di quello che lo aspetterà nelle prossime ore.

Comincio a chiedermi: allora è così che si muore di cancro ai polmoni? Con l'aria che a poco a poco ti manca e alla fine fai come il pesce che boccheggia sul cassero mentre i pescatori lo stanno a guardare senza particolare interesse, magari fumandosi una sigaretta. Avevo sempre trovato bellissima l'immagine del pesce guizzante, lucido e argentato, sul fondo della barca che aspetta la conclusione della sua vita mentre i raggi del sole ricordano il lucore dei suoi antichi colori marini: ritorna per un momento, in un brillio di luce, l'argento della ricciola, il giallo del sarago, il color creta della cernia intanata, il grigio bluastro del dentice, l'azzurro cielo della spigola in fuga. Mi era sempre sembrata un'immagine colorata e allegra, una cosa viva che non ricordava nulla della morte.

Invece adesso, di notte, mentre guardo boccheggiante fuori sul terrazzo di casa, sono spaventato e non vedo nulla di allegro in quell'immagine.

Fingo di giocare con le foglie del glicine o della buganvillea, del plumbago o della datura. Mi sembra che in certi momenti assumano fattezze umane, o animalesche, o di figure magiche, specie di folletti e gnomi, e le loro danze, mosse da una brezza leggera, aumentano l'illusione di un mondo a noi parallelo e sconosciuto.

Passerà anche questa notte? Sì, certo che passerà, e al mattino anche il peso sui polmoni e sul cuore si allenterà. In clinica mi faranno delle iniezioni e la fame d'aria diminuirà. Tornerà qualche altra volta, ma in forma più lieve, e poi adesso so cos'è, mi spaventa meno. M'è rimasta dentro al cuore quella paura di una morte per asfissia che mi agita, ma ho imparato a controllare anche questo. Sono diventato bravo nel trovare la *normalità* di questa malattia, di questi giorni.

Ho problemi alla mucosa, deglutisco male, ingoio peggio. Ricomincio a perdere peso. Gli effetti della radioterapia si fanno sentire: mucosità, mucosa esofagea prima, poi tracheale e bronchiale. In termini pratici, sono inguaiato. Comincio a prendere il cortisone che finora avevo evitato. Non riesco a bere neanche l'acqua, mangio zuppette per neonati e ingoio brodini. Per fortuna mi piacciono, o almeno me li faccio piacere. Sono stanco e sfiduciato. Quello che comincia a pesarmi, e parecchio, è la lunghezza di questo periodo nel quale non sono più padrone del mio corpo, ma in cui tutto è demandato ai medici: da mesi mi bucano, mi auscultano, mi palpano, mi girano e rigirano, mi infilano dentro macchine modernissime, mi iniettano veleni che distruggono le cellule cancerose (ma anche, e in misura maggiore, quelle sane), mi prelevano il sangue, fanno flebo, infilano aghi e partoriscono esami. Tutte persone degnissime, professionali e molto gentili. Ma io comincio a essere stanco. Veramente stanco.

26

Un giorno di settembre tutto resta sospeso in un tempo senza tempo. Si stabilisce una tregua non dichiarata tra me e il cancro. I primi di quel mese Costanza e Giuseppe si sposano. È un avvenimento intimo, che non fa parte di questo racconto. Posso solo dire che mai m'era capitato di vedere due giovani così felici e innamorati il giorno delle nozze. Non lo dico solo io, che conterei poco in questa circostanza, dato il mio ruolo. Lo dicono tutti quelli che hanno partecipato alla cerimonia.

Ho accompagnato mia figlia lungo il piccolo corridoio del Comune di Roma, come da tradizione. Era una vita che sognavo di farlo. Ci avevo fantasticato tante di quelle volte che mi sembrava fosse ormai il ricordo consunto dal tempo di un padre innamorato della sua unica figlia. Niente affatto, è stato emozionante come doveva. È stato un bellissimo regalo della vita.

Certo, non avevo mai immaginato nei miei sogni che l'avrei accompagnata con la testa spelacchiata e due occhi grandi *così* (ma *così* come?). È andato tutto bene, il cielo di settembre era stellato esattamente come doveva essere, e per tutta la vita Costanza e Giuseppe conserveranno di quella serata uno scintillio che il tempo non cancellerà.

Arriva anche il momento della prima uscita pubblica dopo sei mesi di silenzio e di assenza dal mondo. Ai primi di ottobre Giovanni Malagò organizza al Circolo Aniene la presentazione del libro-intervista con Giuseppe Tornatore, appena arrivato nelle librerie. Insieme a noi, a presentarlo, anche Gianni Letta e Paolo Mieli. Perché parlo di questo avvenimento tutto sommato marginale rispetto al diario di una malattia brutta e pericolosa? Perché non posso dimenticare, e se lo facessi sarei un miserabile, l'affetto che mi ha circondato quella sera nel salone d'onore dell'Aniene.

Naturalmente, per non commuovermi, ho continuato a ripetermi per tutta la sera che quelle manifestazioni d'affetto dipendevano dal fatto che fossi ammalato d'un brutto cancro e quindi, come vogliamo dirla, facevo un po' pena. Ce l'avrei fatta? Non ce l'avrei fatta? Mi avrebbero rivisto al Circolo in altre occasioni? O una delle settimane seguenti qualcuno avrebbe detto agli altri soci: ti ricordi di Pietro Calabrese? Poveraccio, è morto ieri...

Non c'è niente di male, succede anche così, e quindi anche questa è una parte della verità di quella serata tanto particolare.

Le parole che ha usato Gianni Letta nei miei confronti presentando il libro, e quelle di Giovanni,

Paolo e Giuseppe Tornatore subito dopo, non le dimenticherò mai.

L'abbraccio di tanta gente, l'affetto di tante persone, la loro solidarietà mi hanno riempito il cuore e mi hanno caricato di energia positiva della quale avevo davvero un gran bisogno.

Me n'ero dimenticato, immerso nel labirinto osceno della malattia, di quanta forza può esserci nella vita che ci circonda. Me n'ero dimenticato, o non ci avevo riflettuto bene, ma c'era molta, moltissima gente fuori che tifava per me, che teneva a me, che voleva che io combattessi e vincessi la mia battaglia contro il cancro. In tre parole: c'era un mondo fuori che mi voleva vivo. E non era solo il mondo di Gino, già così numeroso e battagliero da bastare per sorreggere dieci vite.

Non conta poco. È fondamentale per un malato grave sapere che non solo i parenti ma anche gli amici e i conoscenti tifano per lui, gli stanno accanto idealmente e amorevolmente. Che esiste una formidabile catena di emotività umana che lo sorregge, lo supporta, lo aiuta ad andare avanti o a rialzarsi quando cade. Non è solo.

Non sei solo. Non mi stancherò di ripeterlo a chi soffre e non si arrende: non siete mai soli, c'è un mondo buono e pulito, onesto e perbene, fatto di credenti e laici, che vi sta accanto e che è pronto a sorreggervi e a spendersi per voi. Gratuitamente, senza chiedere nulla in cambio. Vi vuole vivi. Ricordatelo nei momenti bui della malattia, quelli in cui il pozzo è più fondo e l'anima sente gli strappi di chi comincia ad arrendersi. Questo mondo parallelo vi ama e vi vuole vivi. Dovete solo crederci. Se ci credete, potete farcela.

27

Visto che ci ho preso l'abitudine, si continua. Francesco Tornatore, fratello di Peppuccio, organizza due incontri con gli universitari di Palermo e Catania per parlare del nostro libro-intervista. A Catania se ne occupa Pietrangelo Buttafuoco, direttore del Teatro Stabile cittadino, un giornalista, saggista e scrittore a cui voglio bene e che stimo molto.

Nella mia vita professionale, mi sarà capitato decine e decine di volte di incontrare giovani di ogni tipo: all'università, al liceo, al ginnasio (ma c'è ancora il ginnasio?). Di parlare con gli specializzandi, i tecnici, gli esperti. Ho parlato nei Rotary e nelle librerie, anche quelle molto piccole ma ben più intriganti della provincia.

Sono intervenuto a convegni e a eventi letterari, a premi più o meno prestigiosi, più o meno inutili, più o meno truccati.

Ma mai, ripeto mai, mi era capitato di trovarmi davanti centinaia di persone così appassionate, desiderose di sentire e apprendere, così coinvolte per tre o quattro ore (li abbiamo dovuto cacciare noi!) come in quei due pazzi pomeriggi alle università di Palermo e Catania.

Vi dico solo questo: a Palermo il dibattito era programmato per le 17,30. Già alle 16 gli organizzatori hanno dovuto chiudere gli ingressi e mettere i lucchetti (sì, i lucchetti) al cancello principale dell'ateneo per la quantità di persone che chiedevano di entrare. Cinquecento? Seicento? Francamente nessuno sa dirlo. E non ha nemmeno alcuna importanza. L'aula era stracolma, la gente era seduta per terra e appoggiata alle pareti laterali.

Io c'entravo poco con tutta questa agitazione, l'interesse era soprattutto per Giuseppe Tornatore e la sua opera di regista. Quei ragazzi pendevano dalle sue parole, dalle sue risposte. Incantati. Io alzavo la palla e lui la schiacciava, come era giusto che fosse. Ma la cosa impressionante era la partecipazione emotiva di quella folla di ventenni che si beveva ogni parola di Peppuccio. Lui raccontava e li stregava di ricordi personali: la sua adolescenza a Bagheria, la cabina di proiezione, le sue prime fotografie scattate ai battesimi e ai matrimoni di paese, i primi cortometraggi, i sogni che si liberano da soli, la tecnica di come si pensa, si scrive e si realizza un film. La grande avventura nel pianeta della celluloide. E nell'aula c'era un silenzio assoluto. Peppuccio aveva appena finito di rispondere che già decine di mani si levavano per fare la domanda successiva.

La stessa cosa è avvenuta a Catania, nella splendida aula Santi-Mazzarino, l'antico refettorio del monastero dei benedettini. A presentare il libro insieme a noi c'era anche Tino Vittorio, uomo di lucida intelligenza e travolgente simpatia umana, professore di storia contemporanea in quell'ateneo.

I momenti più belli sono stati, sia a Palermo che a Catania, quando abbiamo spiegato ai ragazzi che anche loro potevano realizzare i loro sogni, potevano farcela come ce l'aveva fatta Peppuccio da Bagheria. Se veramente ci credevano, se veramente lavoravano al loro progetto del cuore senza farsi distrarre o abbattere dagli ostacoli, se erano determinati ad andare avanti qualunque sacrificio dovessero sopportare, allora i miracoli potevano ancora accadere. I miracoli laici accadono, e non c'entra nulla la predestinazione.

Peppuccio Tornatore è arrivato a Roma a ventisette anni con due lire in tasca e senza appoggi. Non dico con la valigia di cartone legata con lo spago, ma quasi. Nessuno gli aveva insegnato niente nella piccola città di Bagheria dove era vissuto fino ad allora. Era un autodidatta. Aveva imparato leggendo e faticando, osservando il lavoro degli altri registi chiuso dentro la cabina di proiezione dove aveva passato i pomeriggi e molte notti della sua adolescenza a guardare, osservare, riflettere. E a ventisette anni era arrivato a Roma. Sei anni dopo, a soli trentatré anni, vinceva l'Oscar con *Nuovo Cinema Paradiso*.

Quando concludevamo quel discorso urlando: «Se ci credete anche voi ce la potete fare!» venivano giù i muri delle aule. Una liberazione del cuore. Un tifo da stadio. Applausi. Urla. Fischi d'incoraggiamento. E anche, perché non riconoscerlo, tanta commozione.

Sono stati due pomeriggi memorabili, pure loro mi hanno caricato di positività. Ognuno di quei giovani del mio Sud, così privi di speranze e di futuro, prigionieri di pregiudizi e antiche frustrazioni, senza rendersene conto mi ha aiutato e mi ha insegnato qualcosa. Loro non lo sanno, ma sono stato io l'allievo e loro i maestri.

In entrambi i casi ho finito quelle presentazioni zuppo di sudore e sfiancato dalla fatica, con una gran voglia di gettarmi su un letto e dormire fino all'indomani mattina senza pensare al cancro e alle sue lordure.

Oggi pagherei non so cosa per poter ritornare in quelle aule e risentire la vitalità della giovinezza e la voglia disperata di rompere le catene della tua casa, della tua città, della tua regione. Che vergogna, che terribile vergogna per i nostri politici delle regioni più disgraziate e saccheggiate! Pensano a tutto fuorché al bisogno disperato dei loro giovani di diventare cittadini migliori. È questa la peggior forma di corruzione del nostro Paese: quella che colpisce senza speranza i più deboli, i più fragili, i più giovani.

28

Finisce anche la radioterapia. A metà ottobre. Improvvisamente le mie giornate si allungano. Non ho più i due appuntamenti fissi alle 13 e alle 19. Non ho più nemmeno la chemioterapia il venerdì mattina. Sospesa anche lei con i suoi tradimenti. Niente di niente. Tutto fermo.

Quasi stento a crederci. Sarei stato per due mesi e mezzo senza purghe e senza veleni. Il primo controllo vero è rinviato al gennaio del 2010. Il professor Creton mi spiega che occorre lasciare lavorare la radioterapia per settanta o novanta giorni prima di verificare se ha sortito effetti, e soprattutto quali. Poi si può fare un bilancio.

Intanto, qualche giorno dopo la sospensione delle cure, mi fanno una Tac. I medici avvertono che qualunque sia il risultato, non devo lasciarmi né troppo incoraggiare né troppo abbattere. Per una questione di infiammazioni dovute alla radio, il risultato di questa Tac deve essere considerato, comunque, leggermente taroccato.

Taroccato o no, per la prima volta da molti mesi sento le prime due parole di speranza. Ricordate? Tutto era iniziato con due parole: «addensamento polmonare». Era continuato dopo la chemioterapia con altre due: «risultato modesto». E adesso, in questa gara di canguri impazziti che fanno a cazzotti sulla mia pelle, arrivano due parole nuove: «cauto ottimismo». Così hanno detto i medici guardando i risultati della Tac taroccata: cauto ottimismo. In quelle foto in bianco e nero della mia vita, meglio ancora, delle mie speranze di vita, hanno visto la lesione polmonare leggermente diminuita, qualche linfonodo scomparso (ammazzato, il bastardo), e una situazione generale migliorata. Non ottimisti del tutto, che sarebbe stato troppo, ma cautamente ottimisti, sì. Fin lì potevano sbilanciarsi.

Il cielo si è abbassato, le stelle sono diventate meno irraggiungibili, i giorni hanno ripreso un po' di colore, come le guance dei bambini malati dopo una lunga convalescenza. Mi sono tornate alla mente le parole di Rainer M. Rilke: «[...] perché un solo verso possa nascere [...], bisogna poter ripensare a malattie infantili che cominciavano in modo così singolare, con mutamenti gravi e profondi».

Cauto ottimismo: dopo queste parole di speranza i medici mi hanno lasciato nel mio «tempo sospeso». Niente cure pesanti, solo qualche puntura e un perfido sapore di petrolio in bocca. Le prime facevano parte dei vari controlli settimanali, il secondo era ormai un compagno fisso delle mie giornate.

È una cosa orribile perdere i sapori, ed è ancora peggio acquistarne uno nuovo che sa di petrolio. Non voglio insistere con la solita cantilena, ma anche in questo caso i medici dicono che è abbastanza normale che avvenga. Li ringrazio di quell'*abbastanza* che lascia uno spiraglio al futuro e alla speranza. È la chemio la responsabile principale di quel saporaccio. Finché ne avrò in corpo non potrò evitarlo. E per farlo sparire del tutto ci vuole almeno un anno. Troppo anche per il tempo sospeso a mia disposizione.

È una cosa molto fastidiosa. Avevo cambiato gusti radicalmente. Se qualcuno mi avesse chiesto dodici mesi prima a quali cibi o liquidi non avrei mai potuto rinunciare, avrei risposto senza esitare: un bicchiere di vino, un pezzo di pane, e un po' di olio buono da mettere nel piatto e dove intingere il pane di Lariano dopo una spruzzatina di sale.

Anzi, a dire la verità qualcuno me lo aveva chiesto, giusto due anni fa. Il professor Pietro Migliaccio, il mio dietologo. Un mago della ciccia. Uno che comunque sta sempre dalla tua parte. Dopo dieci mesi con lui avevo perso quindici chili: esattamente quelli che avevo preso negli ultimi dodici anni come direttore di diverse testate. Ero tornato a pesare come quando avevo cinquant'anni, e mi sentivo benissimo. E fierissimo.

Il primo giorno di visita Migliaccio mi aveva domandato: quali sono le cose alle quali non vuole rinunciare? E io avevo risposto sicuro: un bicchiere di vino la sera, e un po' di pane a ogni pasto. Lui me li aveva lasciati.

Adesso invece era accaduto che non riuscivo a bere un solo goccio di vino e a mangiare un pezzo di pane. Impensabile! Mangiare senza bere un buon rosso? Digerire senza aver mangiato del pane? E lo stesso era accaduto per altri piatti e cibi che prima amavo: il prosciutto crudo, il formaggio di qualunque tipo, le alici, le olive, i capperi, il pesce al forno, i carciofi alla romana, i fagiolini bolliti. Com'era potuto accadere? Anche la lattuga con i pomodori, cioè uno dei miei piatti preferiti in assoluto! Le mie insalate sopraffine dell'orto di Cozzo Capraro che Antonio mi raccoglieva la mattina e portava in casa, nella fresca mezz'ombra della cucina! Quelle insalate croccanti condite con olio e (molto) aceto buono e forte, adesso non potevo più vederle nemmeno in fotografia. Semplicemente, mi disgustavano.

Era così. Quel maledetto sapore di petrolio aveva guastato mezzo secolo di abitudini e di ricordi culinari, di scambi, di amori da mensa scolastica o di traghetti per le Eolie, dove era impensabile imbarcarsi al tramonto senza mangiare la pasta al sugo di bordo o il pesce spada alla messinese con quei piccoli capperi asprigni di Salina.

Tutto finito. Oppure, a conservare la speranza, tutto rimandato a dopo questo «tempo sospeso».

Sapore di petrolio a parte, niente era più come prima. Niente lo sarebbe stato ancora. La chemio e la radio erano finite, per il momento, ma non erano certamente terminati i tormenti e i fastidi che mi avevano procurato. I polmoni mi facevano male, soprattutto il destro. Respiravo a fatica. La mattina quando mi svegliavo era un tormento. Claudia Trinca, l'assistente del professor Cortesi, quando andavo a trovarla per i controlli, mi chiedeva: «Come stanno i gattini?» e intendeva quel miagolio dentro al petto che avevo ogni volta che respiravo un po' più a fondo.

M'era venuta una gran tosse. Una tosse secca, difficile da far passare, fastidiosa, pungente. Una vera condanna. Ancora non lo sapevo, ma l'avrei portata con me per molti e molti mesi. Mi innervosiva come poche altre cose.

Non avevo recuperato il mio fisico e mi sentivo tremendamente affaticato. Ogni movimento, ogni sforzo, ogni piccola passeggiata era un'avventura nell'ignoto. Le gambe erano magre come stecchi, i muscoli flaccidi, la pelle rugosa. I muscoli del petto, che fino a pochi mesi prima stavano d'incanto grazie alle lunghe nuotate mattutine in piscina, sembravano due perette pudibonde che penzolavano sconfortate. Avevo ferite che non si rimarginavano, piaghe, piaghette, irritazioni cutanee. Scariche di diarrea e attacchi di nausea di tanto in tanto. Controllabili, ma tenaci. Cominciavano a ricrescere i capelli. Una peluria timida all'inizio. Mi accorgevo che erano assai più bianchi di prima. Come sono invecchiato, pensavo. La mattina era una fatica alzarsi e mi facevano male le ossa e i muscoli in vari punti della schiena e delle spalle. Ne abbiamo già parlato, inutile ripetersi.

Ma ero ancora qui, in piedi, nel «tempo sospeso». Non mi ero arreso.

Continuavo a scrivere le mie rubriche per i giornali e a tenere corrispondenza con il popolo di Gino. Ogni tanto, qualcuno di loro mi raccontava dei suoi guai di salute, di mortificanti operazioni subite, di mutilazioni accettate per forza, di privazioni e momenti disperati. Mi parlava del suo stato d'animo e della speranza che a poco a poco andava arretrando dentro di sé.

Allora facevo mente locale e realizzavo che pure io stavo cascando nel tranello: non riuscire a godere di tutte le piccole cose buone di cui disponevo quotidianamente. Io che lo suggerivo di continuo agli altri, come un maestrino dalla matita puntuta, stavo facendo lo stesso sbaglio.

Il «tempo sospeso» aveva molti lati positivi e tante piccole cose buone da vivere e da apprezzare. Bastava rifletterci senza panico e non compiangersi. Se fossi cascato nell'autocommiserazione sarebbe stato l'inizio della fine.

Drammatizzare la tosse e il gusto di petrolio rendeva mentalmente pesante non poter riassaporare il prosciutto crudo o bere del buon vino rosso. La pasta in bianco e la frittata continuavano a piacermi. Goditi quelle, mi rimproveravo, visto che adesso puoi deglutire e masticare normalmente. Non ti ricordi com'era peggio settimane fa, come molte cose ti apparivano vuote e inutili? Vivi consapevolmente ciò che hai adesso, non misurarti con quello che avresti potuto avere se il cancro non fosse arrivato a tradimento a sconvolgere la tua vita. Pensa ai guai peggiori di tanti altri che non si rassegnano e continuano a sperare. Fai esercizio quotidiano di autocontrollo. Qualche volta riesce, altre volte no. Ma almeno provaci.

Un giorno Silvia Marutti, una delle più affezionate lettrici di Gino, mi manda un suo libro di poesie tenere e belle. Il libro si chiama *Buonanotte Blu.* Silvia ha problemi pesanti con il tumore che l'ha colpita. È stata più volte operata e a lungo intubata. Per molto tempo non ha potuto parlare, era senza voce. Racconta che una sera, a forza di gettar giù poesiole, abbozzi, disegni, filastrocche per tenersi compagnia, ha sentito dentro di sé la bambina che era stata un tempo chiederle: «Ho nostalgia di una favola». E lei, tra tubi e tormenti, ha pensato: "Siccome ti amo, eccoti accontentata". Così ha cacciato via gli incubi ed è nato questo piccolo libro. L'ho aperto con commozione e ammirazione. Vi voglio regalare solo una filastrocca e una poesia. La prima: «Buonanotte di fiori appena nati / nel vaso sopra il tavolo di noce / Fioriscono pensieri delicati / per ogni desiderio senza voce...». La seconda: «Lascia la luna accesa questa sera / così che nel silenzio in cielo splenda / quando si aggirerà sui rami il sonno / a ricamare sogni dentro i nidi / Lascia accesa la luna sopra il vetro / la mia paura stretta nelle mani / una breve magia, se puoi, adesso, / se non per sempre, Dio, fino a domani».

Ogni fine settimana, puntuale, arriva la telefonata di Claudio Calabi. In un anno non ne ha saltata una, ovunque fosse, al lavoro o in vacanza, in Italia o all'estero. «Allora, come va?» dice con un leggero accento torinese che i molti anni a Milano non sono riusciti a cancellare del tutto. E cominciamo a parlare. Del più e del meno. Si informa sulla mia salute e si ricorda quello che gli ho detto (o che mi ha detto) la settimana prima. Poi passiamo all'attualità: politica, cose del mondo, economia, editoria. Tutto molto lievemente, con tocco leggero e disincantato, senza affanni. E finiamo con le ultime battute sullo sport, lui sulla Juve, io sulla Roma. Lo confesso: quelle telefonate con Claudio sono una delle cose che mi hanno tenuto a galla nei momenti difficili.

Era stato lui ad assumermi alla Rizzoli, di cui era allora amministratore delegato, nel 2000. Sono passati undici anni e non mi ha mai deluso una volta.

All'inizio di dicembre il professor Cortesi mi dà il permesso di passare tre settimane in Kenya per le feste di Natale e Capodanno. A me e Barbara non sembra vero. Sono cinque anni che festeggiamo l'anno nuovo sulla spiaggia di Malindi. È un auspicio di speranza. Pace in Terra agli uomini di buona volontà.

29

E finalmente siamo arrivati dove dovevamo arrivare. Laddove tutto è cominciato e dove tutto un giorno finirà. In mezzo, un grappolo di qualche migliaia di miliardi di anni. Dentro a un grappolo così vasto che il pensiero si perde, ci sono conquiste, tradimenti, emozioni, scoperte, stelle comete, leggende, spade, biblioteche, epidemie, vittorie, detriti, unicorni, tregue, amori, torture, tenerezze, poesie, morti, tramonti e albe luccicanti. La storia dell'uomo, magnifica e cupa.

Quanto sono lunghe alcune migliaia di miliardi di millenni? Se il tempo si dilata fino a perdere di significato, possiamo ancora considerarlo tempo?

Un giorno un quadrupede peloso e puzzolente si alza su due zampe e subito l'orizzonte si allarga. Il cielo stellato conseguentemente si avvicina. È l'alba dell'uomo. Un anello della catena. Un caso. Una possibilità su un miliardo. Ognuno giochi con i numeri e le probabilità come più gli piace. Quella cosa lì che da quadrupede diventa bipede, gli scienziati la chiameranno, senza ironia, *sapiens sapiens.*

Ma quel primo balzo avviene là, nel continente africano. Quello è il posto prescelto. E perché proprio là, in quella enorme savana fumigante? Non credo alla casualità, penso piuttosto a un disegno. Oppure non riesco a spiegarmi neanche un disegno e non penso a niente, sono troppo confuso dalla dilatazione del tempo.

Difficilmente ho trovato parole più belle e paurose di quelle del secondo versetto della *Genesi*: «La Terra era deserta e vuota e la tenebra era sulla superficie dell'abisso, e il vento di Elohim aleggiava sulla superficie delle acque». Tutto comincia da lì. Compresi noi uomini *sapiens*. Del prima non sappiamo nulla. Il Creatore, se mai ce ne fu uno, non vuole che ne sappiamo nulla: la Terra era deserta e vuota, così dice, così fa dire. Sappiamo soltanto che a un certo punto il *Senza nome*, che contiene in sé tutti i nomi, lascia che soffi il vento di Elohim e da quel momento, anche se ci vorrà qualche miliardo di anni, dalla superficie di quelle acque e dall'orlo di quell'abisso che sgomenta, sbucheremo noi, gli animali più feroci del pianeta, costruiti per sottometterlo e controllarlo. E alla fine, *sapiens sapiens,* inevitabilmente, distruggerlo.

Comunque siamo sempre in Africa, la culla del cuore dell'uomo. È là che si compie il nostro destino.

Ed è là che io e Barbara stiamo andando, la notte del 18 dicembre del 2009. Capita sempre, quando siamo diretti nel continente africano e l'aereo supera le acque del Mediterraneo per sorvolare le coste libiche o tunisine o marocchine (dipende dalla destinazione), che mia moglie si stiracchia, abbassa lo schienale del sedile, e sospira leggera: «Ora non può accaderci nulla di male, siamo entrati nelle braccia della Grande Madre». La chiama proprio così, la Grande Madre. È la sua Africa. E, beata lei, comincia a dormire il sonno dei giusti.

Barbara ama l'Africa da sempre, dalla prima volta che c'è andata ragazza, trent'anni fa. È stato un incontro fatale tra lei e quell'immenso catalizzatore di storie e di miti.

Tutto in Africa è enorme, dilatato. Il suo cielo traversato da nuvole basse e velocissime, l'orizzonte, la savana, gli spazi per gli animali e per l'uomo, il tempo stesso.

Quando avevo lasciato la direzione di «Panorama» e mi ero messo in pensione dopo trentotto anni di lavoro, prima che la malattia mi aggredisse, avevo deciso di passare due mesi da solo a Malindi, in un bungalow sulla spiaggia. Un piccolo bungalow pieno di libri e di grandi divani che qui chiamano *pili pili*, comodissimi, dove puoi stenderti e leggere a tuo piacere. O lasciare andare i pensieri e riempirti i polmoni di particelle di serenità. E anche di sabbia finissima per la verità, bianca e finissima, la sabbia della spiaggia del Sabaki.

Barbara non era del tutto convinta di quella mia decisione, e chiese al nostro amico Luigi Colajanni, che insieme a sua moglie Joe hanno un'importanza particolare in questa storia: «Dimmi Luigi, ma come reagirà Pietro per due mesi tutto solo senza avere nulla da fare? È un cambiamento così radicale nella sua vita che un poco mi preoccupa». Adoro mia moglie per queste e mille altre ragioni.

Luigi, che ormai da tempo vive in Africa tra gli otto e i nove mesi l'anno, rispose tranquillo: «Gli consiglierò di scendere la mattina appena sveglio in spiaggia e fare una piccola buca. Come quelle che facevamo da bambini a Mondello, con paletta e secchiello, ornate di conchiglie e piccole canne spezzate. E poi la sera gli dirò di ritornare allo stesso punto e riempirla di nuovo di sabbia, ma di conservare le conchiglie e le canne spezzate per il giorno dopo. Basta questa attività per vivere felici a Malindi».

Aveva ragione lui. Quei due mesi sono stati magnifici. Ho dondolato nel vuoto e mi sono svuotato la testa. Ho passeggiato sulla spiaggia, camminato dentro il borgo di Malindi guidato da Joe e da Luigi, fatto la spesa nei piccoli mercatini o nelle bancarelle sotto i baobab dei venditori ambulanti, cucinato, dormito sul *pili pili,* ho guardato stupefatto l'arrivo del tramonto che da queste parti è improvviso: tre minuti prima c'è la luce, tre minuti dopo il buio della sera. Ho imparato a riconoscere i rumori della notte, i suoi gorgoglii, i suoi piccoli strepiti, la sua musica. E soprattutto ho letto come un indemoniato.

I primi tempi di solito, mentre passeggiavo sulla spiaggia, guardavo l'orologio e mi accorgevo che erano le undici, l'ora della riunione mattutina nei quotidiani italiani. Avevo come una sorta di orologio biologico nella testa. E inevitabilmente ripensavo a tutte le riunioni alle quali avevo partecipato nella mia vita, a tutte quelle che avevo diretto e mi prendeva un senso di oppressione e di sgomento, come un animale preso in trappola. Poi realizzavo dov'ero e cosa stavo facendo, e allora ero invaso da un senso profondo di liberazione che mi faceva sentire bene come non ero stato mai. Volavo, stavo scoprendo che si può volare nonostante la forza di gravità. «Qui in Africa si vola» ho detto una sera al telefono a Barbara. Lei ha sentito quanto ero felice.

Dopo un poco ho smesso di portare l'orologio e non sapevo più quando era l'ora delle riunioni. Ma non me ne importava niente. Luigi mi aveva ricordato un vecchio detto africano: «Voi occidentali avete gli orologi, noi africani abbiamo il tempo».

È venuto a trovarmi il mio compare di vagabondaggi mentali Paolo Mieli con una sua amica molto simpatica, ospiti da me. Una settimana deliziosa di dolce far niente e lievi cazzeggi. Lontani dalla politica e dalle storie labirintiche dell'editoria. Lui voleva che lo accompagnassi tutti i pomeriggi alle cinque a prendere il tè nella rotonda dell'albergo, tra le palmette e gli uccellini gialli che le abitavano. Faceva il Cappellaio matto nell'inesauribile tè delle cinque. «Ma che ci andiamo a fare?» chiedevo. E lui, curioso come una scimmia: «Niente, mi piace vedere chi c'è, che tipo di gente è, magari attaccarci discorso. C'è sempre qualcosa da imparare dagli sconosciuti». Inutile raccomandargli di non accettare caramelle dagli sconosciuti, sapevo che caso mai sarebbe stato lui ad offrirle.

Il rumore del mare, le maree che cambiano ogni otto ore, sollevando le barche e scompaginando l'ordine delle alghe; i giornali di due giorni prima, qualche volta di tre, poche telefonate con l'Italia, niente televisione tranne la domenica sera per vedere le partite (se interessano). In compenso molte passeggiate sulla spiaggia, tanti leggeri movimenti del cuore e dell'amicizia, uno spreco di stelle nel cielo. Stelle diverse dalle nostre, perché qui siamo al Tropico, proprio sotto l'Equatore. E naturalmente l'odore dell'Africa. «Paolo, lo senti come profuma l'Africa?» gli dicevo. E lui, che è un marpione intercontinentale, sorrideva: «Lo sento. Mi ricorda quel film bellissimo, come si chiamava? Ah sì, *Profumo di donna*».

Il continente africano ha un odore diverso da tutti gli altri. Quando si apre la porta dell'aereo e si scende dalla scaletta, la prima cosa che colpisce in faccia come una carezza d'amore è quell'odore. Non puoi sbagliare. A occhi chiusi e senza sapere dove sei atterrato lo riconosceresti tra mille. È l'odore caldo, secco, morbido, fatto di mille odori solitari che si cercano tra loro e si aggregano come attirati da un'antica calamita. È l'odore delle erbe e delle foglie, dei cespugli bassi della savana che macerano al sole insieme da migliaia di anni. È l'odore degli alberi antichi ognuno dei quali serve a qualcosa e dei fiori colorati che sembrano finti. È l'odore dell'Africa.

In qualche altra vita, da qualche altra parte, magari in un'altra galassia, devo essere stato un marinaio ignorante ma felice. Uno di quei marinai che amano il loro mestiere e la fatica quotidiana. Uno che conosceva le stelle e scrutava sbalordito i loro movimenti notturni. Che amava guardare il cielo disteso sulla nave a faccia in su. Un candido marinaio che non sapeva nulla dei grandi interrogativi dell'uomo e sull'uomo ma se li poneva lo stesso. A modo suo, nel silenzio di mille e mille notti di navigazione sul mare color lavagna.

E all'alba di una di queste mille e mille notti, è sbarcato in Africa. Ha conosciuto per la prima volta quell'odore inconfondibile. E poi, volta dopo volta, lo ha riconosciuto. E mai più dimenticato. In quella sua vita e nelle altre che sono seguite.

La strada tra Mombasa, dove atterrano tutti i voli charter che collegano l'Italia con il Kenya, e Malindi è lunga centoventi chilometri. Per farli tutti ci si mettono quasi due ore. Per chi come me e mia moglie l'ha percorsa molte volte, è facile dopo un poco superare la confusione mentale che sempre ti lascia il viaggio notturno in aereo, e cominciare a riconoscere i luoghi, i piccoli paesi, gli alberi con le barbe, i giganteschi baobab che se ne stanno isolati, i verdissimi alberi di mango con i loro frutti appesi come una promessa di dolcezza, i cespugli puntuti che servono a fare i cesti e quelli flessuosi che non ho mai saputo a cosa servano, i sicomori e le araucarie, le baraccopoli, i ragazzini neri, bellissimi, che camminano scalzi lungo la strada, le donne con grandi cesti sulla testa, tutte addobbate di stoffe misere ma sgargianti, gli uomini in bicicletta, biciclette cariche come carretti siciliani nei giorni di festa, camion a tutta velocità, auto sconquassate e strombazzanti. E i fiori. Mille fiori colorati da ambo i lati della strada. Fiori conosciuti e fiori che non hai mai visto altrove. Buche di ogni tipo e misura e dimensione. Buche come voragini. Sorpassi dai quali pensi non uscirai mai vivo. Motociclette sgangherate che corrono come fulmini facendo un rumore assordante. Adesso si spaccano, pensi. Non si spaccano, vanno che è una bellezza. È l'Africa, amico, il più bel continente del mondo.

A Malindi soggiorniamo al Lawford, l'albergo più antico della città e quello rimesso a nuovo più di recente. Molte camere lussuose e quattro bungalow sulla riva del mare. Opera del lavoro di Marco Vancini, un italiano attivissimo. È il punto di riferimento di tutto e per tutti. Senza di lui a Malindi sei perso. Io e Barbara ci fidiamo di Marco. Noi abitiamo nell'ultimo bungalow sulla spiaggia, il più lontano, il più estremo, quello più vicino all'onda oceanica.

Da questa parte non c'è la barriera corallina, l'oceano arriva senza ostacoli, trascinando con sé i pesci colorati e i predatori, i suoi legni fradici e le meduse scoppiate. Con il suo vento continuo, leggero e costante, mai troppo caldo, mai troppo freddo. Un venticello che arriva diretto dal perduto paradiso terrestre e rende piacevoli i giorni e le notti sulla sabbia del Sabaki. È il monsone di Sandokan e dei libri di Salgari, ho pensato la prima volta che l'ho sentito sulla pelle. Non hai mai caldo in quel lembo di terra, non hai mai freddo. Non sudi e non tremi, ti godi il fresco respiro di Dio.

Dall'ingresso del Lawford fino al bungalow ci saranno più di cento metri di verde, palme e fiori da percorrere a piedi. Poi arriva la sabbia bianca e finissima e la fila di alberi di casuarina, alti e flessuosi, con i quali si costruiscono le parti in legno dei bungalow. Ancora una trentina di metri e ci siamo noi. Il bungalow, noi e la spiaggia del Sabaki, uno dei luoghi più felici dell'intera Africa.

Il Sabaki è un fiume di colore giallo-oro perché ricco di quarzo che, dopo un percorso di trecentonovanta chilometri, si getta nell'oceano Indiano. La spiaggia davanti al bungalow è lunga settantadue chilometri e larga circa cento metri. È abitata da fenicotteri rosa nei lunghi tratti incontaminati, e ci si può camminare a occhi bendati perché formata da sabbia liscia e finissima. Sulla battigia il colore della sabbia sotto il sole è ramato, con riflessi d'oro. Non c'è una pietra, una sporgenza di roccia, uno scoglio, niente di niente. Solo sabbia color rame dorato e in certi periodi dell'anno una specie di conchiglia piatta, bianca e viola. Queste conchiglie sono chiamate dai masai «occhi delle stelle», perché hanno al centro due tagli grandi, sgranati e obliqui che le fanno somigliare a facce aliene, a cose misteriose e distanti, venute da altri mondi. Sono inquietanti e fascinose, ed è un peccato raccoglierle per conservarle nel salotto di casa. Dopo poco tempo perdono il loro odore pungente e il loro mistero, diventano oggetti ciechi e opachi, senz'anima. L'anima, il mistero di cieli lontani e gli occhi alieni glieli abbiamo strappati noi uomini. Come sempre.

Davanti al bungalow, già di primo mattino, comincia l'attività della popolazione locale che cerca di vendere i prodotti tipici dell'oceano. Iniziano i bambini tra gli otto e i dodici anni che offrono vongole dentro una bottiglia di plastica a cui hanno tagliato la parte alta per allargarne la bocca. La loro abilità nell'individuare le vongole sotto la sabbia, a metri e metri di distanza, è sbalorditiva. Vanno dritti sul posto, infilano l'indice nella sabbia, «pescano» le vongole e le gettano dentro la bottiglia. Una bottiglia di acqua minerale piena di vongole equivale più o meno a una porzione abbondante di pasta per due persone. Costa un euro, che naturalmente loro preferiscono alla moneta locale. Ma rivogliono indietro la bottiglia di plastica, utensile prezioso per il lavoro. Le vongole sono appena più piccole delle nostre, ma gustosissime.

Dalle dieci a mezzogiorno arrivano i ragazzi più grandi, sui vent'anni, con una lunga fiocina e un filo di plastica al quale hanno appeso il pesce appena pescato: *red snapper*, *white snapper*, il barracuda (tenero e gustoso), e il tonno pinna gialla detto *bonito*, lo stesso che si trova a Cuba, polipi, calamari, sogliole molto grandi, o pesci di cui non conosco il nome.

Poi la processione si ferma. Ma continua il viavai dei giovani che giocano interminabili partite di pallone sulla sabbia fino al tramonto. Si affrontano venti contro venti, o anche di più. Ma che importanza hanno i numeri e le misure nell'Africa sterminata? Sono una superstizione occidentale, roba da selvaggi.

Tre settimane di vacanza, tante me ne hanno concesse i medici tra Natale e Capodanno. Un solo controllo del sangue che, grazie a Marco Vancini che ha finanziato la costruzione di un ospedale per i locali qui a Malindi, farò senza problemi.

Sono libero. Libero di smaltire il più possibile i veleni della chemio e le conseguenze della radioterapia, di riprendermi, di rimettermi fisicamente e mentalmente. Pronto ad affrontare nelle migliori condizioni l'esame di Tac e Pet al mio ritorno in Italia e vedere cosa è successo dentro al mio polmone destro.

Ogni tanto lo ascolto questo mio polmone, soprattutto di notte, quando mi sveglio e penso a quello che mi è accaduto. Lo ascolto con grandissima attenzione, e mi concentro su di lui. Di sottofondo c'è il rumore dell'oceano, le onde che si abbattono sulla battigia e scivolano sul bagnasciuga. Gli faccio domande al mio polmone ferito, e aspetto. Non lo aggredisco, sono domande semplici, hanno un pizzico di complicità e tenerezza. Ma lui non mi dà alcuna risposta. Silenzi su silenzi nella notte africana. Penso sia ostaggio dei pipistrelli e del male che esce da quella maledetta caverna. Sono sicuro che amerebbe parlarmi e dirmi che non ha mai voluto tradirmi, che mi vuole sempre bene, ma che è stato fregato da quell'invasione crudele di alieni che un giorno, o magari una notte senza sogni, lo hanno aggredito, piazzando le loro tende e i loro carriaggi dentro la caverna e iniziando il lavoro sporco di distruzione delle mie cellule sane.

Anch'io voglio bene al mio polmone destro. Per tanti anni abbiamo lavorato insieme senza problemi, è stato un compagno fedele di vita e di giochi.

Nella notte di Malindi, protetto dalla zanzariera del letto, comincio a respirare lentamente, poi sempre più forte per vedere l'effetto che fa. Fa un brutto effetto. Come intensifico il respiro comincio a tossire, e continuo a lungo. Esco sul terrazzino che guarda il mare e la spiaggia. Guarda verso nord. Il rumore dell'oceano è forte e continuo. Ha una cadenza magica. Si possono esprimere molti desideri sulla musica di quella cadenza. Mi basterebbe se ne avverasse uno soltanto. Mi sento piccolo, misero e abbattuto. Poi penso a tutti quei disgraziati come me che tossiscono in letti di ospedali e corsie affollate, sudati e sfatti, guardo la schiuma del mare che biancheggia nella notte, guardo il posto meraviglioso che ho davanti, sento il venticello del miracolo africano, e smetto immediatamente di compatirmi.

Tossisco per tutto il giorno. La cosa mi scoraggia parecchio perché il caldo secco e l'aria di mare dovrebbero farmi bene. O almeno lo pensavo. Pensavo che Malindi avrebbe avuto lo stesso effetto di Cozzo Capraro. Non è così. Sono fiacco e mi fanno male i muscoli. Mi sento abbattuto. Passeggio malvolentieri perché mi stanco subito. Un giorno Barbara si arrabbia perché non voglio andare con lei sulla spiaggia a camminare e fare esercizio fisico, e resto invece disteso sul *pili pili* a leggere, «immobile come un'ameba» mi strilla. Come ha fatto ogni giorno da quando siamo arrivati, mi rimprovera. Si mette a piangere. Mi sento un verme più che un'ameba. Non sopporto veder piangere Barbara, soprattutto per colpa mia. È sempre stato così.

Ha ragione lei. Siamo a Malindi da più di una settimana e non mi sono mai alzato per fare una bella passeggiata sulla spiaggia. Mi sto adagiando in questa condizione di malato. La cosa peggiore che la mia testa possa fare. La cosa peggiore per la mia salute. Così mi alzo e camminiamo sulla sabbia del Sabaki. A poco a poco le passa il broncio. Le do un bacio, mi abbraccia, ma non mi ha perdonato del tutto. Giustamente non si fida. Io e lei abbiamo sempre amato molto le nostre passeggiate marine durante le vacanze. A Sabaudia i primi anni di matrimonio. Poi sulla spiaggia di Campofelice in Sicilia, tra milioni di sassolini piatti e colorati. Impossibile resistere alla tentazione di prenderli in mano e tirarli lungo il filo dell'acqua per contare quanti salti fanno. Adesso qui sul Sabaki, il posto più fascinoso di tutti. Ovunque fossimo, lunghe camminate che duravano ore, in cui abbiamo sempre parlato di tutto. Ci servivano a mettere a punto le cose che ci erano accadute, le idee, i progetti, il futuro, la nostra vita insomma.

Da quel giorno ho camminato un'ora con Barbara tutte le mattine.

Ma la tosse è continuata. La sera, quando tornavamo dalle nostre cene con gli amici, quei cento e passa metri dall'ingresso del Lawford al bungalow erano un calvario. Tossivo talmente tanto da dovermi fermare e stare piegato in due. Una tosse secca, che non finiva mai e mi squarciava il petto. Mi stremava.

Andava però un po' meglio con il gusto di petrolio in bocca. Si era un poco attenuato. Cominciavo a percepire alcuni sapori, prima di tutto quello della frutta tropicale. Ma non c'era niente da fare con il pesce: aragoste, calamari, gamberi. Non dico che mi disgustassero, ma avevo difficoltà a mandarli giù. Se non eravamo ospiti a casa di amici, finivamo per andare quasi sempre al ristorante del Casinò, che per noi rimane il più buono di Malindi. Io mangiavo soprattutto spaghetti al pomodoro e verdure grigliate. Sembravo un pazzo a ordinare quei cibi in quel luogo di delizie culinarie. Ma erano tra le poche cose che non mi disgustassero. E poi gli spaghetti erano squisiti e cotti al dente come piace a me.

La notte di Capodanno è stata bellissima. Forse la fine d'anno più suggestiva della mia vita. Anche la tosse mi ha dato tregua. C'era la luna piena, ma esageratamente grande e tonda. Di solito, a ogni luna piena, Joe Colajanni organizza una cena per pochi amici sulla spiaggia davanti al suo bungalow al Coral Key. È una tradizione che dura da anni. Lei cucina le polpette palermitane in agrodolce e il marito Luigi si aggira in pareo aprendo bottiglie di vino e gustandosi l'incanto della serata, circondato dalle persone a cui vuole bene e dalle sue magnifiche sculture in legno. Da un pezzo Luigi ha smesso di scavare di mattina piccole buche di sabbia sulla spiaggia e riempirle la sera. Da anni si è dedicato con successo a quello che era un suo hobby ed è diventato un vero e proprio lavoro che lo riempie di soddisfazioni: raccoglie pezzi di legno, perlopiù relitti spiaggiati dalle tempeste o dal vento, poi li assembla secondo il suo gusto e il suo estro e li colora. A poco a poco è nato uno scultore visionario di successo, che fa mostre e vende bene i suoi «pezzi» (molti, troppi, li regala agli amici).

Ma quella sera di Capodanno organizzano una festa a casa loro Riccardo e Paola Manfredi, due persone splendide. Lui è uno dei proprietari dell'Ultima Spiaggia di Capalbio, lei è un'ex giornalista economica che ha lasciato il lavoro per stare più vicina al marito. Tutti e due sono tra gli amici più cari che abbiamo a Malindi. Siamo anche vicini di casa: vicini naturalmente secondo le distanze africane, anche la loro casa comunque è costruita sulla spiaggia del Sabaki. Per me è la casa più bella e di maggior gusto di Malindi.

Quella notte di Capodanno è stato tutto perfetto, come se la regia esterna l'avesse stabilita qualcuno in alto che conta parecchio. Il cielo, la grande luna, la spiaggia illuminata a giorno dalla luce lunare, il mare, il cibo, la compagnia. Luigi e Joe naturalmente, Francesca e Lionello Lunghi, Mariola e Frankie, Chicco Testa, il mitico Armando Tanzini, che diventerà in pochi giorni il personaggio principale di questa vacanza e di questa storia, per nominare quelli più cari. Ma non è che fossimo molti di più. Mancavano solo i Minoli, che non erano venuti in Kenya, Giorgio Cefis, che festeggiava a casa sua, altra dimora magnifica, Marco Vancini e Valentina, il carissimo Dino Raimondi, Luca e Adriana Liguori. E Nori Corbucci, una delle donne più vive e intelligenti che conosco, che aveva combinato la serata con altri amici.

Come certamente sapete, anche in mezzo alla folla, chi vuole riesce a isolarsi. Circondato da amici e da un'atmosfera positiva, ho pensato a lungo, prima e dopo il brindisi di mezzanotte, alla mia malattia e al mio futuro. Al perché avevo dovuto affrontare quel calvario, che era peraltro ben lontano dall'essere terminato, a quanto tempo mi restava da vivere, a come sarebbe stata la mia morte, alla maniera in cui avrei chiuso gli occhi e iniziato l'altro grande viaggio della vita. Ho pregato di andarmene con dignità. Ho riflettuto sul mistero del dopo. La fine di tutto ciò che in quel momento mi circondava: mia moglie, i miei amici, le persone care, il buon cibo, i colori, i sogni, le notti stellate e quelle con la luna grande, le risate e le cose che avevo amato. Ho pensato a mia figlia Costanza e a suo marito Giuseppe, alla loro vita. A poco a poco, com'era inevitabile, di me sarebbero rimaste solo alcune fotografie e un rosario di ricordi. Sempre più sbiaditi, sempre più confusi e opachi. Poi più niente. Nessuna traccia delle mie stagioni e del mio passaggio sulla Terra. Esistere per non essere mai esistito, uno strano destino quello stabilito da chissà chi per l'uomo.

Non poteva essere davvero così, solo così. Ci sarebbe stata per forza un'altra destinazione dove incanalare tutta l'energia positiva che mi ribolliva dentro. Non sapevo dire quale, ma sapevo che era prevista un'altra cosa per il dopo.

A cena finita siamo saliti sul tetto della casa ad aspettare la mezzanotte. Il tetto era stato attrezzato a terrazza con grandi materassi di gomma piuma e cuscini per terra. Ci siamo tutti sdraiati, naturalmente eravamo in maglietta e pantaloni leggeri, senza scarpe. Sdraiati a guardare il cielo. Ognuno, ne sono sicuro, a porsi domande immortali e inutili come gli uomini fanno da migliaia di anni.

Abbiamo brindato all'anno nuovo per due volte. La prima all'ora italiana, la seconda al Capodanno malindino. Ho baciato Barbara, poterlo fare ancora è stato fantastico. Alcuni dei nostri amici sono andati alla messa africana di mezzanotte con i canti gospel, imperdibili per chi non li ha mai sentiti. Altri sono rimasti da Riccardo e Paola. Io e Barbara ci siamo trattenuti per poco, poi siamo tornati a casa perché ero stanco. Davanti al bungalow, come ogni sera, facevano la guardia quattro guerrieri masai, belli nel loro costume e nella loro leggenda. Alti, magri, scattanti, vestiti di rosso, la lancia da guerra in mano e una piccola daga romana al fianco. E collane di perline colorate al collo e sui polsi. Ci siamo salutati con il classico «ciao» africano: *jambo*. E siamo andati a dormire.

Jambo amici miei masai e kenyoti. *Jambo* per tutto quello che mi avete dato in quei giorni e nei giorni a venire. Uno soprattutto. Sarà la conclusione di questa storia, ma non del mio viaggio nella malattia. Il giorno del baobab, *jambo*.

30

Dipende, prima di tutto, da cosa vai a fare sotto il baobab. Che è un colosso di venticinque metri d'altezza e ha un tronco largo fino a sette metri, capace di immagazzinare nella stagione delle piogge centoventimila litri d'acqua per resistere alla terribile siccità di alcune regioni africane. È un gigante bellissimo per la chioma e la maestosità. È un albero mite e gentile che se ne sta appartato per i fatti suoi e quasi sembra vergognarsi della sua straripante presenza. Nel *Piccolo principe* il protagonista è preoccupato che i baobab crescendo possano occupare tutto lo spazio del suo asteroide, e nel film *Il re leone* uno dei personaggi, Rafiki, ha la sua casa dentro il tronco. Amélie Nothomb, nel suo *Viaggio d'inverno*, così scrive: «I primi uomini dell'Africa avevano sperimentato tutti gli alberi e ciascuno aveva una propria utilità: uno bruciava bene, con un altro si facevano ottimi archi e ottimi utensili, un altro era adatto ad essere masticato per ore, uno cresceva così veloce da alterare il paesaggio in un anno, uno a grattugiarlo profumava la carne, uno lavava i capelli, uno restituiva la virilità a chi l'aveva perduta andando a caccia, solo il baobab non serviva assolutamente a niente, eppure Dio solo sa se le avevano provate tutte con il suo legno, cosa si fa con un albero buono a nulla, ma d'altra parte cosa si fa con tutto ciò che è buono a nulla, albero o uomo, lo si considera sacro, ecco la sua utilità, serve a essere sacro, giù le mani dal baobab, è sacro, lo sai, è quella roba di cui non si capisce niente ma aiuta non si sa a che, aiuta, se hai il cuore oppresso va' a sederti all'ombra del baobab...». La Nothomb la vede così, e scrivendo del *suo* baobab non sa quanto sia andata vicina al *mio* baobab: se hai il cuore oppresso va' a sederti all'ombra del baobab. Proprio quello che stavo per fare.

Nel dialetto africano baobab significa «albero dei mille anni», che è anche il titolo di questo libro, scelto dall'intelligenza di Lydia Salerno, e riferito alla leggendaria longevità della pianta. Ma tutto dipende, come dicevo prima, da cosa si va a fare sotto il baobab.

Il pomeriggio del 6 gennaio del 2010, ultimo giorno della nostra permanenza a Malindi, io avevo in effetti il cuore un po' oppresso. La tosse aveva continuato a non darmi tregua, in generale non mi sentivo bene come avrei voluto, ero preoccupato per gli esami clinici che mi attendevano al ritorno in Italia, insomma vivevo un momento di difficoltà con la mia malattia e il mio destino. Non era stato come a Cozzo Capraro, non c'era stata rinascita, positività e allegrezza del cuore. I giorni di Malindi, che pure avevo amato, erano ormai alla fine, e con tutta la buona volontà del mondo non si potevano proprio definire quelli del vino e delle rose.

Barbara aveva parlato, una di quelle sere a cena a casa di amici, con Armando Tanzini, e lui le aveva chiesto: «Come sta davvero Pietro?». Barbara si era aperta, si vede che aveva bisogno di sfogarsi con qualcuno. Gli aveva detto che stavo attraversando un brutto momento, nonostante la lunga vacanza. «Portalo da me se ne ha voglia. Forse potrei aiutarlo» aveva detto Armando. Si erano dati appuntamento per le cinque del pomeriggio successivo a casa sua. Ho sempre risposto, a chi mi chiedeva di Malindi e del nostro amore per quel posto, che una visita nella casa officina laboratorio di Armando vale da sola il viaggio in Kenya.

Io e Armando ci conosciamo da quarant'anni esatti, e non ci siamo visti per trentacinque anni filati. Da quando aveva lasciato Roma per trasferirsi in Kenya. Fino al giorno in cui ero sbarcato a Malindi. Dove lui invece era sempre rimasto e aveva dato vita a molte cose strane e meravigliose. Scultore, pittore, inventore di geniali intuizioni sull'anima del legno e di altri materiali meno nobili, in questi anni africani ha costruito, scolpito e dipinto di tutto: quadri, statue, alberghi, complessi residenziali, divani, sedie, tavoli, *pili pili*, oggetti utili o assolutamente effimeri, suppellettili, cavalli alati, elefanti argentati e giraffe che sembrano vive. Ha usato tutti i materiali che riuscite a immaginare e molti a cui neppure pensereste. I suoi animali di ferro, alluminio, cartapesta e lamiere argentate sono fantastici. Fantastici in tutti e due i sensi, in quello misterico e in quello di bellissime sculture. Uno dei suoi cavalli domina la duna di sabbia della villa di Nori Corbucci a Sabaudia. Ero quasi riuscito a convincerlo a vendermi un elefante a grandezza naturale che volevo piazzare a Cozzo Capraro tra due olivi, ma poi non se n'è fatto nulla perché lui non sapeva né come né quando sarebbe riuscito a venire in Sicilia a montarlo. Ma ci riproverò.

Il suo quadro più famoso è la riproduzione dell'Africa fatta con ogni possibile oggetto costruito da lui o che si trova in natura, comprese le stringhe a V degli infradito rotti e lasciati a marcire sulla spiaggia. I suoi assistenti li hanno raccolti e il risultato è un quadro molto bello, colorato e commovente.

Io e Barbara arriviamo a casa di Armando e uno dei suoi *boys* ci accompagna fuori, in giardino, e ci invita ad aspettarlo sotto il grande baobab. Non tarderà, ci dice. L'albero è veramente gigantesco e antico più di ogni casa o catapecchia di Malindi. Era già lì, il baobab che guardiamo a testa in aria, quando sbarcò Vasco da Gama proprio davanti a quel giardino, e l'Europa scoprì il Kenya. L'albero c'era già, i soldati sudati sotto le corazze si meravigliavano ammirandolo, ma guardavano con occhi feroci gli indigeni locali che a loro volta li osservavano a bocca aperta stare all'ombra del gigantesco albero sacro.

Tutto ciò che riguarda la casa e il giardino e l'affaccio sulla baia Vasco da Gama, come si chiama oggi, è strano, al limite del credibile. Ma l'Africa mi ha insegnato che credere nell'incredibile è solo uno dei primi gradini per arrivare al cuore del continente primario.

Nei suoi anni giovani, Armando aveva fatto per molto tempo una corte spietata a una vecchia nobildonna inglese, proprietaria della casa, perché gliela vendesse. Rilanci di offerte in denaro degne del privée di un casinò d'altri tempi, promesse, fascinose blandizie, finzioni, minacce, bugie. Niente da fare. Un giorno la donna, che come tutti gli inglesi era supportata da una piccola ma consistente dose di follia, decise di fare un patto con Armando. La casa sarebbe stata di quell'italiano testardo, solo se lei fosse morta in un incidente aereo. Aveva più di settant'anni e non aveva mai volato in vita sua. Era venuta in Kenya mezzo secolo prima su una nave della Compagnia delle Indie, e sarebbe tornata in patria, se mai ci fosse tornata, solo e soltanto navigando sulle onde.

Armando, che è livornese, ma in quanto a follia non scherza, accettò il patto. Lui e la lady lo firmarono davanti al notaio. Se avesse perso, Armando avrebbe dovuto vendere l'albergo che aveva costruito e che possedeva, il White Elefant, in quel momento il più bello di Malindi, e il ricavato sarebbe andato in beneficenza ai piccoli orfani locali.

Qualche tempo dopo, non so esattamente quando, perché a un certo punto la storia si perde nella leggenda, la nostra lady si stava facendo scarrozzare dal gigantesco autista kenyota alla periferia di Malindi. La sua macchina costeggiava la piccola pista dell'aeroporto. Fatalità, caso, decisione degli Dei, destino cieco, gioco delle probabilità, fate voi. Fatto sta che un piccolo monoelica proveniente dal Kilimangiaro, che stava atterrando proprio in quel momento, sbanda, esce di pista, sfonda la rete di protezione dell'aeroporto fatta di fil di ferro e si schianta sulla macchina. Fuoco e fiamme. Dipartita indolore, si spera, della lady, e Armando si ritrova, dopo averla pagata comunque molto salata, proprietario della più suggestiva villa di tutta la costa. Però non si è dimenticato della sua amica inglese. Tipico di Armando. La signora, o ciò che ne era rimasto, ha voluto essere sepolta proprio sotto il baobab. Alla maniera kenyota, senza tomba e senza segni di riconoscimento. Solo la nuda terra a ricoprirla per i secoli dei secoli.

Ed è proprio a lei, per l'esattezza alla sua tibia destra, che sto pensando quando vedo arrivare Armando nel giardino. Per l'occasione si è vestito da guru, una camicia indiana chiara aperta sul petto e un pareo bianco annodato in vita. Naturalmente niente sotto il pareo, naturalmente a piedi scalzi. In mano, il libro di un santone, di cui non ricordo il nome, del quale mi leggerà alcune righe nel corso della nostra conversazione.

Si siede accavallando le gambe e anche io e Barbara ci sediamo sull'erba. Il sole sta calando e mi batte sulla faccia. «Perché ti sei accovacciato proprio lì?» mi chiede. «Non lo so,» rispondo scuotendo la testa «è capitato». «Niente capita per caso sotto questo baobab» mi dice. Mi sento un fesso. «Guarda qui, per esempio.» E strappa un piccolo germoglio di *neem* mostrandomelo. Il *neem* è una pianta guaritrice molto apprezzata nell'Africa orientale. «Pensi che sia capitato qui accanto a noi per caso?» mi domanda. Non aspetta la risposta, che comunque non sarebbe arrivata visto che non avevo idea. «Comunque è un buon segno, per tutto il pomeriggio ho inciampato su buoni segnali. Questa è una cosa ottima per te.» Lo confesso, io ho pensato per la seconda volta alla tibia della signora inglese sotto di me perché, ormai ne ero certo, quel pezzo stava esattamente due metri sotto il mio sedere.

Non lo so perché certe cose accadono, e accadono in certi posti e in certi momenti. Non lo so se ero preparato a questo, o tutto è stato solo una conseguenza logica di duecento e passa giorni di dolore, di paura, di fatica fisica e mentale, di umiliazioni corporali, di resistenza e autoconvincimento a non mollare, di ragionamenti sulla vita e sulla morte come non avevo mai fatto. Avevo dondolato a braccetto con l'aldilà su un'altalena oscena e avevo giocato con la fine della mia vita perché avevo poche speranze per fare altro. Davvero non lo so. E nemmeno, se devo essere sincero, me lo aspettavo. Ero andato a quell'appuntamento con un terzo di scetticismo, un terzo di sano cinismo e un terzo di affetto nei confronti di Armando. E per non far arrabbiare Barbara che a quell'incontro sotto il grande baobab aveva creduto e fortemente credeva ancora.

A un certo punto, mentre Armando parlava, io me ne sono andato per conto mio pur restando con lui e Barbara all'ombra dell'albero. Mi sono come sdoppiato, con una sensazione che non avevo mai provato prima e non ho mai riprovato dopo. Non mi sono sollevato da terra rimanendo sospeso come un allocco tre metri sopra il cielo, guardando la mia chierica lì in basso, Armando e Barbara. Niente levitazioni o roba simile. Ero semplicemente *doppio* e non mi sembrava di fare nulla di straordinario. Da una parte c'ero io che ascoltavo Armando con grande attenzione parlarmi di leggende locali e avventure trascendentali presso di *Loro*, e dall'altra parte c'ero sempre io che andavo per i fatti miei dentro al mio corpo e alla mia mente. O forse dovrei dire dentro al mio cuore, nel centro abitato più antico del cuore. Abitato dai miei ricordi e dai sogni che si erano ripetuti più volte nel corso dei giorni e delle notti della mia vita. Delle notti, soprattutto. M'era accaduto più di una volta di ripetere un sogno già fatto e di stare attento a pensare: ma questo è un sogno, l'ho già visto da qualche parte, perché appena lo pensi il sogno scompare e ti svegli con la sensazione penosa di aver sprecato una grande occasione. Oppure, ma più raramente, di riprendere un sogno esattamente dove l'avevi lasciato anni prima, e ricominciare a sognare l'insognabile. Fino al momento in cui hai la percezione di ciò che stai facendo e allora tutto finisce. È uno spreco di talento immaginativo non permettere ripetizioni nei sogni. *Loro*, o chi per loro, dovrebbero porci rimedio.

Armando mi spiegava che *Loro* lui li aveva incontrati più volte nel corso della sua vita, ci aveva parlato, gli erano stati molto utili nei momenti difficili e lo avevano aiutato perché lui aveva avuto fede. Ma non la Fede con la effe maiuscola, perché qui non si parlava di cattolicesimo o altre religioni simili, qui si parlava di *Loro*, quelli che governano il mondo, i mondi, le galassie e l'universo tutto che inesorabilmente si espande fino alla deflagrazione finale e definitiva. La fede era essenziale, ma era la fede nelle regole primarie, nelle anime che c'erano prima dell'abisso di cui parla la *Genesi*, era la fede in quello che ci sarebbe stato dopo, quando mi sarei presentato davanti a *Loro* per il primo giudizio. Perché l'ultimo, quello definitivo, era di là da venire. Che *Loro* fossero Uno solo sdoppiato in molti, o più Esseri pensanti, questo restava ancora da capire.

Ebbene, mentre Armando vestito da guru sotto il grande baobab mi diceva queste cose, molte delle quali mi suonavano del tutto credibili e possibili nel continente primario, l'altro me stesso vagava nella regione più tenera del mio cuore, quella mai visitata fino ad allora, e inaspettatamente cominciava a fare chiarezza. Ero partito, ricordate?, come un guerriero pronto a combattere per la sua vita contro i pipistrelli e le forze del male. Diretto insieme alla chemioterapia e ai suoi veleni nella caverna che aveva lacerato il tessuto del mio polmone e mi stava spingendo verso la morte. Un guerriero, un principe senza paure, un arciere infallibile, un cacciatore temibile, uno stregone buono, un guerriero comanche che i suoi dei proteggevano.

Ero stato tutte queste cose all'inizio della malattia, ed era stato un bene, perché mi ero caricato per combattere e resistere, per dimostrare al tumore che non avevo paura di lui e che non sarebbe stato lui a vincere quella guerra. O quand'anche l'avesse vinta, avrebbe dovuto faticare molto più del previsto.

No, non avrei perso così facilmente, non mi sarei arreso, non avrei mollato. Così, in questi mesi, avevo risposto agli amici di Gino che via mail mi chiedevano conforto e consigli, e in cambio mi davano amore e solidarietà. Questo avevo ripetuto loro: non mollate mai, e potrete farcela. Conta più la testa di tutte le medicine del mondo. Conta il vostro coraggio più di qualunque medico. Era vero, ne ero sempre convinto, avevo dimostrato con la mia resistenza a uno dei peggiori tumori-killer che esistono, quelli che ti spazzano via in cinque o sei mesi, che io e Gino, e tutti i Gino del mondo ce la potevamo fare. E per quanta tosse potessi avere, per quanti dolori potessi accusare, per quante paure potessero ancora vagarmi dentro come cupe ombre, lo ammetto: ero molto fiero di me stesso per come mi ero comportato.

Ma allora, che stava accadendo quel pomeriggio epifanico sotto l'albero di baobab? Cos'era quella sensazione nuova che mi stava invadendo con grande dolcezza?

Lo ripeto: non so perché certe cose accadano, e accadano proprio in certi posti e in certi momenti e non in altri. So solo che a un dato punto di quel pomeriggio, all'improvviso, ma senza violenza, tutto mi è stato chiaro. Si è fatta luce in quella tenebra che mi aveva sommerso dal 19 maggio dell'anno precedente. E ho pensato: "Ma certo, che fesso sono stato a non capirlo prima!".

Ho capito il come e il perché di quel tumore maligno e cattivo. Mi è stato chiaro perché fosse capitato proprio a me.

Mi è stato chiaro, chiarissimo, che *Loro*, o Dio, o il *Senza nome* che contiene tutti i nomi, avevano voluto farmi un regalo. Un grande bellissimo regalo. E che io sarei stato uno stolto a sprecarlo. A non approfittarne.

Sono diventato pazzo? Come posso chiamare «regalo» un tumore che uccide nel settanta per cento dei casi? Posso, vedrete che posso.

Mi era arrivato addosso all'improvviso quel treno in corsa del cancro assassino. Mi aveva fatto stramazzare perché io mi fermassi. Perché io riflettessi. Perché io capissi. Perché riprendessi il filo quasi spezzato della mia vita e ritrovassi lo scopo e il perché dell'esistenza. Perché ripensassi ai miei giorni marginali, che erano stati la maggioranza di quelli vissuti, e non li rivivessi mai più, pochi o molti fossero quelli che mi restavano. Perché finalmente realizzassi che il valore della vita non è nella vita stessa – magari ce ne saranno altre di vite in altri mondi –, il valore supremo è dentro le piccole cose che compongono il quotidiano, il qui e ora, alle quali non diamo mai importanza, o ne diamo troppo poca. Perché sprechiamo il valore delle cose che contano veramente. Perché ci arrabbiamo e ci perdiamo dietro inutili discussioni, fangose polemiche, patibolari decisioni. Perché pensiamo che il bello e il buono sono sempre *altrove*, lontano da noi. Invece sono qui, davanti a noi, ai nostri piedi, e non ce ne accorgiamo finendo col calpestarli e ucciderli. Perché il buono delle cose non è mai così nascosto da non riuscire a scorgerlo, a vederlo, ad assaporarlo. Perché è bella la vita, bello il sole e il freddo dell'inverno, bellissima una giornata di primavera e dolcemente bello il venticello leggero che l'accompagna. Ma chi si ferma mai a riflettere su queste banalità quotidiane?

A cosa pensate veramente in una qualunque delle vostre giornate? Prendete un foglio di carta e una matita e una sera, tornati a casa, scrivete le cose principali alle quali avete pensato durante il giorno. Scrivetele una per una, numerandole, e poi riflettete sulla loro pochezza. E anche sulla vostra.

Ma quando uno sta bene e ritiene di essere immortale, o di avere le stesse prerogative degli dei pagani, su queste minime cose non si sofferma mai. Ho sprecato una sera, un incontro, un'amicizia, un'ora? E chi se ne frega, ce ne saranno milioni di incontri e di ore ad aspettarmi da qui alla fine dei miei giorni. Questo bel libro lo leggerò quest'estate in vacanza, ora ho troppo da fare. Quella mia amica in difficoltà la consolerò dopo, ora confuso come sono per il mio lavoro non saprei nemmeno farlo bene. Il rapporto con questa persona che mi sembra molto in gamba e che potrebbe insegnarmi delle cose lo coltiverò appena trovo un attimo di tempo.

Ho tempo, ho tutto il tempo che voglio.

Poi un pomeriggio, durante un normale controllo medico, vi fanno una lastra e scoprono (fate gli scongiuri, ne avete diritto) che vi siete beccati un brutto cancro, uno di quelli che ad ammazzarvi non ci pensa più di tanto e non ci mette molto di più. E allora la vita traballa, smotta, sbanda, deraglia. Come dicevamo all'inizio.

E soprattutto il tempo non è più lo stesso tempo che avete conosciuto fino a quel momento.

Se siete fortunati come lo sono stato io, potete capire che non vi dovete arrendere e magari riuscite a resistere fino a comprendere che il numero dei giorni che ancora vi restano non conta molto. Corto o lungo, il filo delle Parche diventerà esattamente quello che vorrete voi. Ogni giorno può durare, se veramente lo volete, cento ore, ogni ora mille minuti, ogni minuto migliaia e migliaia di secondi. E in tutto questo tempo regalato ci sono cose meravigliose che vi aspettano. Basta saperle vedere. E volerne godere.

Armando sotto la chioma del baobab mi spiegava che *Loro* gli avevano detto di trasmettermi questo messaggio: se il tuo amico scriverà la verità e dirà come stanno le cose, allora potrà vivere ancora, non morirà. La verità, ma di quale verità stai parlando Armando? Questa storia della verità mi è sembrata molto retorica fin dall'inizio, puzzava di retorica da far schifo. Che significava? «Non so dirti altro, sono andato a trovarli e a chiedergli di te, della tua vita. E mi hanno detto questo, adesso sta a te interpretarlo» mi ha risposto lui. Poi ha spiegato che non dovevo preoccuparmi per quello che sarebbe potuto accadere, anche se fossi morto nei mesi successivi. Non sarebbe stato terribile come potevo temere. Per tutta la vita ero stato un uomo buono e lassù non mi sarei trovato male per il tempo che avrei dovuto restarci.

Perché qui stava la chiave del *dopo*: sarei rimasto lassù, da *Loro,* per un periodo di tempo indeterminato, e tutto sommato abbastanza comodamente, ma a un certo punto sarei tornato sulla Terra perché il mio ciclo non era ancora finito. Se invece avessi scritto la verità in questa mia vita attuale avrei esaurito il ciclo e pagato tutti i debiti. Si è fermato, mi ha guardato per verificare se avessi capito bene, poi mi ha offerto il cespuglio di *neem* e mi ha detto: «Mangialo».

Ho cominciato a masticare quell'erba guaritrice che sapeva d'amaro e ho guardato in alto dentro la chioma del baobab, il grande albero amico. Eravamo ormai vicini al tramonto, un tempo rapido e magico che precede la notte. Ma c'era ancora luce verso ovest. Piccoli gambecchi gialli come il giallo impossibile dei quadri di van Gogh, e rondini e corvi volavano sopra i rami. Sotto di me stava la lady inglese infastidita per la scommessa persa. Davanti il mare di Vasco da Gama e dei conquistatori crudeli, più avanti la spiaggia del Sabaki che si snodava senza sosta in quel suo lucore quasi notturno.

Verità o meno, fine dei miei giorni sulla Terra o meno, io ero felice, perché mi sembrava di avere capito. Il tumore era un male orrendo che voleva mangiarmi fino a uccidermi. Ma da quel male, da tutto quell'abisso di paura e di dolore, poteva venire fuori un gran bene per me. Ero stato un predestinato alla comprensione delle cose. Potevo aiutare gli altri a capire. A non avere paura. Potevo, e dovevo, lottare per soccombere il più tardi possibile. Questo era il messaggio: non cedere, non mollare, non avere timore. Questo era anche il messaggio per gli altri: non cedete, non mollate, non abbiate timore. Questa, e solo questa, era la verità. Cosa volessero dire

Loro con la *loro* verità, non lo sapevo e non lo capivo. Se erano in buona fede, e non vedo perché non avrebbero dovuto esserlo, avrebbero apprezzato la mia buona fede. Su questo terreno potevamo incontrarci. Allora tutto quello che mi era capitato e che avevo tentato di raccontare in questo libro trovava finalmente un significato: sarebbe servito a qualcun altro per andare avanti e non lasciarsi tramortire. C'era una grande forza che univa fra loro gli uomini di buona volontà e i sofferenti, una grande catena di affetto, di solidarietà, d'amore. Molto più grande e vasta e potente di quella che aveva fatto incontrare e unire Gino e gli amici di Gino.

Era la forza che guidava la Terra e le stelle e i pianeti intorno. La forza e l'energia dell'universo che nonostante fosse così formidabile e possente poteva di volta in volta scendere su ogni malato, su ogni uomo che urlava o tossiva o provava dolore, scendere su di lui e aiutarlo. Per quella forza universale, ogni uomo che combatteva il dolore e la paura della morte era simile a quelle piccole formidabili cose di ogni giorno che noi *sapiens sapiens* ci perdiamo o non apprezziamo perché non abbiamo tempo e testa per farlo.

La verità, mentre la notte all'improvviso piombava sopra noi tre e sul baobab, era una soltanto: se il mio tumore era stato un segnale di terribilità e di paure, adesso mi avrebbe permesso, forse, di cambiare la testa e il cuore, di aiutare gli altri, e di vivere tutto quello che mi restava da vivere guardandomi intorno a occhi aperti. A cominciare dagli affetti più vicini e più cari, di cui avrei potuto godere forse per meno tempo, ma assai più profondamente. Non le conoscevo, ma sapevo che molte meraviglie mai incontrate prima mi aspettavano. Per quanto tempo, a questo punto, non aveva più alcuna importanza.

31

Arrivati a questo punto, rubando la frase a Camilleri, la testa mi fa dire che è giunto il momento di concludere questa storia. Volevo raccontarla e l'ho fatto. Ho avuto il tempo di farlo, tutto il tempo necessario, e già questo è stato un bellissimo regalo del destino. Volevo tentare di spiegare cosa accade a una persona la cui vita all'improvviso cambia a causa di un tumore. Volevo riuscire a portare una speranza a tutti coloro che si trovano a intraprendere lo stesso percorso che ho iniziato io più di un anno fa, e spero di esserci riuscito, almeno in parte.

Il messaggio era ed è molto semplice: dipende quasi tutto dalla vostra volontà, se la testa se ne va per la tangente e la paura è più forte della voglia di combattere, la battaglia è persa in partenza. Non ci sono luminari della scienza o protocolli farmacologici internazionali che tengano. Siete voi il miglior medico e la medicina più potente. Chi vi dice il contrario è un ciarlatano.

Adesso noi tre siamo lontani. Io, Barbara e Armando Tanzini. Lontani nel tempo, perché con mia moglie siamo tornati in Italia da un pezzo. E lontani anche nello spazio, direbbe Armando con i suoi occhi intelligenti e quel sorriso beffardo che piace tanto alle donne: *Loro*, chiunque essi siano e ovunque abitino, sono di nuovo da *loro*, a casa, e magari aspettano di vedere se scrivo la verità.

Anche io sono tornato a Roma, a casa, alla mia vita, alle mie rubriche che mi fanno sentire vivo, ai miei amici, alle persone a cui voglio bene, ai miei due *canuzzi* che mi danno gioia, alla rilettura dei miei libri preferiti, alla mia panchina nel parco sotto il grande acero. Certo, non è il baobab di Vasco da Gama, ma anche lui fa la sua figura. È un albero allegro e pieno di dignità l'acero, il suo legno serve da secoli a fare i migliori strumenti musicali del mondo, i violini per primi. E certi giorni di antica brezza di cui Roma è ancora ricca, se sto molto attento e mi concentro, se smetto di pensare ai rumori permalosi del mondo, dalla panchina si sentono suonare i violini del cuore.

Il mio tempo nuovo è scandito dalle Tac, una ogni tre mesi più o meno. La verifica dei cento giorni, o giù di lì. La vita in una Tac. Certo, faccio prelievi del sangue e controlli bimensili dei «valori» per parare le sorprese e prevenire i disastri. Controllo i bronchi e ho imparato a convivere con la tosse e con la fiacca perenne. Non faccio più caso alle *petecchie* sulle mani se non quando qualcuno distrattamente le nota e sgrana gli occhi. Allora magari gli devo una spiegazione, o magari non gli dovrei nulla, ma il mio carattere mi impone comunque di dire qualcosa. Farfuglio e, se l'altro è intelligente, sorvoliamo subito.

Ma tutto dipende dalla Tac, è lei a scandire il tempo e l'attesa, è il suo responso a decidere il colore del futuro. Sono una specie di lavoratore stagionale della vita, vado avanti di tre mesi in tre mesi. Ci si abitua, ci sono situazioni peggiori. Gino dice che siamo fortunati, che poteva andare molto peggio. Il suo bicchiere è sempre mezzo pieno, la sua Tac è sempre piacevolmente consolatoria, i suoi «valori» clinici ragionevolmente accettabili. E pazienza se le piastrine talvolta fanno i capricci o se i globuli rossi a un certo punto si abbassano pericolosamente. Lui dice: «Torneranno ai valori normali la prossima volta».

Tutti e due sappiamo di barare con noi stessi e la «nostra» malattia. Abbiamo imparato a convivere con questo tumore incistato nel polmone destro ma non ne conosciamo fino in fondo la potenza e la crudeltà. Se ne sta buono là in fondo ma può esplodere da un momento all'altro. «Ha imparato a scrivere» mi ha detto l'oncologo quando la bestia, a gennaio, ha *spallinato* dalla caverna la sua prima metastasi ossea all'omero destro. Non posso alzare bene il braccio, posso scordarmi, per ora, di giocare a golf. Tranne le partite virtuali mentre mi fanno la Tac. Adesso ciò che accadrà è lasciato al caso, alla voglia e alla crudeltà del mostro. Ha dunque imparato a scrivere il tumore, può scrivere quanto e quando vuole. I suoi sicari, le metastasi, possono invadere il mio corpo, gli organi, le ossa, il cervello. E allora lo scenario cambierebbe. In peggio. In qualcosa che per ora non voglio nemmeno immaginare. Oppure la bestia potrà starsene buona per qualche tempo, per qualche anno, per sempre. Il sempre umano, naturalmente. Nessuno può dirlo, nessuno sa niente, nessuno è in grado di spiegare scientificamente il percorso che attende quelli come me. È proprio come ho appena scritto: sono un lavoratore stagionale della vita, salto come un canguro di tre mesi in tre mesi. Mi ci devo abituare anche se non è facile. Ma di certo non mollo.

Acchiappo le nuvole e le faccio andare avanti e indietro come fossero aquiloni. Mi guardo intorno e cerco di catturare le piccole cose, togliendo dalla prospettiva le abituali grandezze. Faccio finta di scambiare gli uccelli con gli aerei e le foglie che cadono con folletti scapestrati. Mi sono accorto che gli uccelli del tramonto sono diversi da quelli della mattina. Si muovono in maniera differente, volano con movenze meno sicure e geometrie più prevedibili. È solo stanchezza? La cosa mi incuriosisce terribilmente.

Mi piace ricordare tante cose belle che ho avuto in regalo dalla vita. Tutti coloro che mi hanno fatto del bene, gli amici che non hanno mai tradito, le donne che ho amato, le molte fortune che mi sono toccate in dono. Mia moglie e mia figlia, che se le avessi dovute costruire io con il pongo e la fantasia, non sarei riuscito a farle migliori di quelle che sono. Ai giornali che ho diretto, e agli editori che mi hanno permesso di farlo. Ai giornalisti con i quali ho lavorato, ai momenti di adrenalina per una notizia particolare, a quelli di sconforto per l'incapacità (mia, ma non solo) di farsi amare da tutti coloro che stimavi e di cui per insicurezza cercavi il consenso. Quante cose inutili, quante marginalità, quanti discorsi persi e tempo sprecato anche nella migliore delle vite possibili! Ma anche quanta ricchezza in ogni esistenza!

Quanti momenti belli, quanti piccoli sortilegi, quante squisite sorprese. Gli incantamenti del quotidiano, se solo vogliamo vederli, bastano a riempirne tre di vite. Il mistero grande dell'esistenza ci circonda in ogni istante. Il rumore delle galassie che si muovono ci tiene compagnia ogni notte, se solo siamo in grado di ascoltare il loro assordante mormorio. La grande ruota del cosmo non si ferma mai. L'energia e la potenza che ci circondano non si esauriranno per miliardi di miliardi di miliardi di anni. E aspettano il nostro ritorno nel loro grembo. Lì da dove proveniamo, torneremo, questo è certo. Al riparo, al sicuro, al caldo nella grande culla dell'universo.

Certe notti, per motivi che non so, non riesco a dormire. Mi sveglio verso le due, come se avessi un orologio nel cervello e resto con gli occhi aperti a pensare per ore. Non riesco a riprendere sonno prima delle sei. Ascolto il respiro regolare di Barbara accanto a me, e sento i due cani che si agitano o sospirano forte ai piedi del letto. Sognano anche loro paradisi canini e inferni umani. I tre respiri, quello di mia moglie, quello di Pippo e di Tuna, mi danno un grande senso di pace. Non penso mai a cose cattive durante queste veglie notturne, non penso mai alla morte o alle metastasi di quei maledetti pipistrelli. Per lo più rifletto su quello che ho fatto e sulle cose che l'indomani dovrò scrivere. Mi ripeto gli attacchi delle rubriche che ho in testa, e magari il giorno dopo li dimentico. Misuro con me stesso la forza che mi è rimasta per non arrendermi, e prego Dio di conservarmela. Penso a Costanza e le auguro una vita lunga e serena, una dolce discesa nell'esistenza con suo marito Giuseppe e i figli che verranno.

A Barbara non piace dormire con le persiane chiuse, e neppure a me. Quindi la luce della notte filtra dalle fessure e colora di un pizzico di magia la stanza. Bisogna credere alla magia del mondo, aiuta a vivere. Conto il numero delle fessure e i tagli della luce, e scommetto sul pari e sul dispari. Cosa scommetto lo potete immaginare bene.

Nelle notti di luna piena c'è una magia maggiore perché la luna disegna un percorso della casa che parte dal mio studio, passa sopra il tetto e sbuca dall'altra parte, esattamente dove c'è la camera da letto. Le strisce di luce lunare, splendenti e festose, raggiungono il letto alle tre. Impossibile che ti mettano malinconia. Sono bellissime, so per certo che mi sono destinate e le catturo una per una. Io e la luna, un rapporto che dura da sessantasei anni. Prima o poi dovrò scriverne. Ma non preoccupatevi, per me soltanto. Mi sollevo appena dal cuscino, giusto per prendere in faccia quella striscia lucente e sorridere del nostro lungo rapporto amoroso. Barbara dorme. Le carezzo i capelli. Lei bisbiglia qualcosa senza svegliarsi. C'è una grande pace nella stanza. E allora, inevitabilmente, mi vengono in mente quei versi struggenti di Borges che mi tengono compagnia da una vita: «Non tornerai a veder la chiara luna / hai consumato già l'inalterabile / somma di volte che ti dà il destino. / È vano aprire tutte le finestre / del mondo. È tardi. Non potrai trovarla. / Viviamo riscoprendo ed obliando/ l'abitudine dolce della notte. / Devi guardarla bene. Può essere l'ultima».

Ringraziamenti

In genere in libri come questo, alla fine, ci sono i ringraziamenti. E *L'albero dei mille anni* non farà eccezione. Sono tantissime le persone che mi hanno sostenuto nel corso della stesura e durante l'ultimo anno e mezzo di fatica e di vita. Ci sono stati grandi gesti d'amore e di amicizia, e piccoli ma significativi segnali d'attenzione. Non so quali siano stati i più importanti, ma tutti, senza alcuna eccezione, mi hanno aiutato. Mi hanno rassicurato, mi hanno fatto bene.

Chi non è riuscito a venire a trovarmi, mi ha telefonato o mandato messaggi. C'è Annalisa Manfellotto e suo marito Bruno, Francesca Malagò, il consolatorio amico da una vita Filippo Di Giacomo, Conchita Airoldi e suo marito Enzo Scotto Lavina. C'è la mia adorabile Noris Morano con la quale nei miei otto anni di lavoro a Milano ho condiviso tante chiacchiere coccolose e belle serate al Baretto, che rimane per me il miglior ristorante della capitale lombarda. Né hanno mancato di essere presenti Corrado Passera e Giovanna Salza, Marco e Afef Tronchetti Provera. Mi ha telefonato Carlo Rossella che si mette sempre a parlare del più e del meno come sa fare solo lui, e quando mi saluta mi regala ironia e mondanità buona. C'è Luca di Montezemolo e sua moglie Ludovica, che si sono dimostrati molto attenti in questo mio momento difficile. Mi ha chiamato dall'altra parte del mondo dove stava concludendo qualche affare o aprendo una nuova boutique Diego Della Valle dicendo: «Quando ci vediamo?». Promettiamo sempre di vederci la settimana dopo, o quella ancora dopo, ma non ce la facciamo mai. Non importa, so che c'è, che mi pensa, che è presente a modo suo. Mi manca, caro Diego, una di quelle serate milanesi con te e Oscar Micucci a cazzeggiare sull'universo mondo e poi tutti a casa contenti di non aver detto nulla di serio.

Non posso dimenticare la tenerezza di Umberto Brunetti e l'amicizia profonda con sua moglie Alessandra Ravetta, due persone che amo molto e alle quali sono debitore di cose che loro neanche immaginano. E Camillo Foletto? Compagno del mercoledì mattina per otto lunghi anni a Milano, e poi amico presente nell'ultimo anno e mezzo con telefonate piene di calore umano e di pudore.

La mia amica Grazia Volo, grande avvocato penalista e «femmina squieta» come tutte le donne intelligenti, insieme al suo compagno di vita Paolo Liguori, che preparano piccole cene nella loro nuova casa che ha i colori siciliani. Grazia, nata a Babaurra, nome che sembra uscito pari pari dall'*Orlando Furioso* e invece è contrada antica in terra di Caltanissetta, non manca mai di farmi trovare, perché sa che le adoro, le cotolette panate alla palermitana. Sono cene a sei, sette, massimo otto persone, durante le quali si può non solo chiacchierare ma anche ascoltare ciò che gli altri hanno da dire. Ormai una rarità.

Come da Giancarlo Leone e sua moglie Diamara, piccole cene amicali nella loro bella casa del quartiere Prati. Gusto, eleganza, amicizia che si taglia a fette. Insieme, spesso, a Renato De Angelis, a Carlo Perrone e sua moglie Polissena di Bagno. Qualche volta anche Carlo Vanzina e la moglie Lisa, che con me è di una gentilezza e affettuosità disarmanti.

Mi sono stati molto vicini Antonio Romano e Laura Pellegrini, ho visto più volte Enrico Mentana, con il quale mangiamo pizze a ore improbabili perché la sera io sono sempre stanco, e lui mitraglia una battuta dietro l'altra e mi tiene allegro. Dio lo benedica per questo.

Mi manda sms Barbara Palombelli e io finisco sempre per telefonarle subito dopo, qualunque cosa stia facendo, perché m'è sempre piaciuto parlare con lei e profittare della sua intelligenza e della sua visione allargata delle cose. Voglio bene a Barbara (della quale, come tutti i cronisti parlamentari della mia generazione, sono stato innamorato negli anni giovanili) e m'è sempre dispiaciuto che non siamo mai riusciti a lavorare insieme, è una professionista magnifica. Se fossimo in Sicilia potrei dire, certo di essere capito, che ci sono più notizie nella sua borsa che corna in un cesto di lumache.

E poi Serena e Eugenio Scalfari con cui ho cenato in varie occasioni, e con Gabriella Pinnarò, intelligenza preziosissima, che mi ricorda antiche passeggiate tra le rose a parlare di figli che crescevano e di amori che andavano frantumandosi senza speranze e con qualche rimpianto. «Adesso le parti si sono invertite» si lamenta teneramente Gabriella «quando mio figlio Massimo vede che prendo il casco mi dice: "Mamma ma perché esci in motorino? È pericoloso, Roma è piena di buche, prendi un taxi, è meglio", e allora capisci che sei diventata vecchia».

Scalfari, a mio avviso, è il più grande giornalista del suo tempo, del nostro tempo, più grande, io credo, di quell'altro mostro di bravura che è stato Indro Montanelli. Scalfari ha inventato un modello di quotidiano che è rimasto ancora insuperato, e ritengo lo resterà a lungo, e che tutti gli altri, chi più chi meno, hanno copiato. Gli voglio bene, so che me ne vuole, e questa cosa mi rende molto fiero.

Mi chiama, tenerissimo, Ferruccio De Bortoli, di solito la mattina presto quando arriva al «Corriere» e s'infila nella mitica stanza di Albertini. Si informa con grande garbo della mia situazione clinica. Sono affezionato a Ferruccio da tempi non sospetti, da quando era un giovane capo dell'economia del giornale di via Solferino. Questa antica amicizia, assai precedente alle sue due direzioni al «Corriere», mi permette di affermare tranquillamente che è una delle persone più perbene che conosco. E non solo tra i giornalisti.

Stella Pende è un tornado: chiama, manda sms, viene a Roma a trovarmi, mi parla di cani e di cancro, di bambini adottati e di Africa, di Malindi, di casini familiari, di suo figlio Nicola, dell'ex marito, del nostro comune amico Giangi Beltrame (che telefona pure lui o invia mail molto spiritose). Insomma Stella è Stella e non la puoi cambiare. Né lo vorresti nemmeno, diciamo la verità. Mi chiama la mia amichetta Stefania Berbenni, che qui a Roma mi manca molto, e mi manda una mail commovente Stefano Scotti. E come posso dimenticare Lucia Scajola e Carmelo Abate e la pudica maniera amicale di accostarsi alla mia malattia di Camilla Baresani?

Se ho voglia di passare una serata in allegria invito a mangiare un boccone da me Peppino Sottile, una delle persone più acute, intriganti e spiritose che conosco. Lui si «introfila» (non chiedete spiegazioni, chi capisce, capisce) volentieri nella mia vita e la arricchisce di aneddoti e curiosità di tutti i tipi. Se poi fa coppia con Pietrangelo Buttafuoco, allora è una sorta di festino di Santa Rosalia privato: uno scoppiettìo di fuochi artificiali fino alla «masculiata» finale, di solito «estero-su-estero» (non chiedete spiegazioni, chi capisce, capisce). Devo dire grazie agli abbracci di Giuliano Ferrara quando ci incontriamo. Giuliano ha un modo di stringerti e di farti sentire il suo affetto molto particolare. C'è molta dolcezza in quell'omone tutto da scoprire. Io gli voglio un gran bene e mi fido di lui.

A Giulio Anselmi già dovevo molte cose prima, figuriamoci dopo il suo comportamento in questo ultimo anno e mezzo. Ma una delle cose che gli dovevo da prima la voglio ricordare qui, adesso. Di tutti i direttori con i quali ho lavorato prima di diventare direttore a mia volta, è quello dal quale ho imparato di più. Se ho avuto un «maestro» con il quale mi sono quotidianamente confrontato per quasi tre anni, si tratta proprio di lui, e non gliene sarò mai grato abbastanza.

Mi ha chiamato più volte Francesca Lodigiani, grande avvocato internazionalista e velista di razza. Una di quelle donne di cui gli uomini dicono, senza rendersi conto che le stanno offendendo, che ha le palle. A qualcuno di noi farebbe piacere se un gruppo di donne intelligenti dicesse: «Quello lì sì che è in gamba, ha due ovaie così» e magari mimassero il gesto con le mani aperte a conca? Mi dice Francesca: «Sei il nostro Minotauro, Pietro, non dimenticarlo. Molti di noi ti ammirano per come stai combattendo, non deluderci». Cara amica, farò del mio meglio, ma tu non immagini nemmeno come mi facevano bene le tue telefonate o le tue visite nel labirinto.

Fabrizio Paladini, altro storico amico di lavoro e di vita privata, ha scritto un libro sul terremoto dell'Aquila, e me lo ha voluto dedicare: «A Pietro, per tutto quello che c'è da fare». Un segnale lanciato nel futuro, un faro all'orizzonte. Una speranza. E mi dedica il suo libro *La presa di Roma* anche Claudio Cerasa, uno dei giornalisti giovani più bravi e preparati di questo Paese. Già ero in debito con il padre Peppino, capo della cronaca romana di «Repubblica», che ha insegnato il mestiere di giornalista a Costanza durante i suoi anni di collaborazione con il quotidiano diretto da Ezio Mauro, figuriamoci ora.

E ci sono, presenti, Alberto Acciari, Federica Re David, Andrea Garibaldi, e una delle mie amichette del cuore, Fiorenza Sarzanini, entrata neanche diciottenne al «Messaggero» e diventata oggi la miglior cronista giudiziaria d'Italia. E come poteva mancare Marida Lombardo Pijola, giornalista e scrittrice di successo, che per farsi coraggio manda avanti il marito Carlo Vitelli, bravissimo chirurgo del quale io e Barbara ci fidiamo ciecamente: «Carlo mi ha detto che ha parlato con Barbara e lui, sempre così attento a sbilanciarsi, questa volta sembra ottimista sulla tua situazione» dice Marida, aggiungendo anche lei un piccolo prezioso mattone sul muro di protezione che gli amici mi stanno costruendo intorno. Come quei solidi mattoni sardi di cui mi circonda Rina Murino, una di quelle donne che non se ne fabbricano più, e che quando ti sono amiche nei tempi della giovinezza ti restano amiche per tutta la vita.

Posso ricordarli tutti? Non credo, e qualcuno, a cui chiedo scusa, l'avrò dimenticato. Ma non posso dimenticare tante piccole cene organizzate per farmi sentire l'affetto e la vicinanza di chi mi vuole bene e ci tiene a testimoniarlo: da Franco Caltagirone a Giuliano Adreani (come potrò ricompensare l'affetto e l'attenzione della moglie Cicci?), Natalia e Giuseppe Ayala, Giampaolo e Rossana Letta, Carlo Lefebvre (ineguagliabili i primi piatti preparati da lui e gli occhi dolci della moglie Denise che mi osserva mangiare con gusto), e Giuliana Del Bufalo, Peppuccio e Roberta Tornatore che prepara manicaretti con le materie prime arrivate direttamente dalla casa della mamma di Giuseppe da Bagheria. Giovanni Malagò mi ha ospitato per due giorni nella sua villa di Sabaudia dove ho trascorso negli anni passati molte e molte ore felici e spensierate. Ma che posso ancora dire di bene di Giovannino dopo tanti anni di amicizia e di attenzioni? E di Renato De Angelis, chirurgo di razza, che sera dopo sera mi ha chiamato per sapere come stavo e per consigliarmi?

A Raffaele Ranucci e a sua moglie Anna Maria andrebbe dedicato un capitolo a parte, e chissà che non lo faccia in un altro posto, in un'altra stagione, in un'altra situazione. La sensazione precisa di avere accanto qualcuno di cui ti puoi fidare ciecamente è una di quelle cose che ti danno maggiore forza nei momenti complicati della vita. Questi sono stati Raffaele e Anna Maria.

Rita Pinci, che mi ha accompagnato per quasi vent'anni nella mia vita professionale come vicedirettore, è stata formidabile. Giorno dopo giorno. Mi è stata vicina come se fosse la cosa più normale del mondo, come se io e lei, colpiti in maniera durissima per motivi diversi ma altrettanto ingiustificati, fossimo i compagni di lavoro di sempre, di tanti anni buoni che senza nostra colpa erano saltati come tappi di champagne guasti. Come sarei contento di poter rivedere Rita, prima di andarmene, di nuovo serena e felice al lavoro! Non posso accettare di pensarla senza un giornale cui dedicarsi! Lei, che è una delle migliori professioniste italiane nel settore.

È venuta una sera a Roma, apposta per cenare con me e vedere di persona come stavo, Marina Berlusconi. Siamo usciti io, lei, Barbara, Costanza e Stella Pende. L'ho già scritto più volte e qualche miserabile ne ha profittato per rimestare nella spazzatura in cui vive. L'ho detto e mi fa piacere ripeterlo: io a Marina voglio molto bene. Abbiamo sempre avuto un rapporto particolare. Affettivo nel senso migliore. È una donna intelligente e buona. Generosa e sincera.

La stimo e le auguro un lungo futuro sereno. Quella sera sono stato molto bene con lei, e non ho sottovalutato il significato del gesto d'amicizia e d'affetto fatto solo per me. L'indomani mattina è ripartita per Milano.

E poi ci sono stati quelli, e non potevano mancare in ogni storia di sofferenza che si rispetti, che sono spariti. Letteralmente spariti. Niente, neanche una telefonata, o un biglietto. Si può capire, si capisce. Ti imponi di capire. Ma mi è dispiaciuto lo stesso, come sempre dispiace la vigliaccheria e la miseria del prossimo. Alcuni pensavo fossero amici, altri ero sicuro mi dovessero qualcosa. Ognuno, ne sono certo, si sarà dato una giustificazione personale. Spero per loro che duri nel tempo.

P.S. Un ringraziamento particolare a Catia Spagnolo, collaboratrice della Rizzoli, insieme alla quale, con grande pazienza da parte sua, abbiamo corretto il testo del libro pagina dopo pagina, refuso dopo refuso, ripetizione dopo ripetizione. Quelli rimasti, credetemi, sono solo colpa mia.

Finito di stampare nel mese di ottobre 2010
presso lo Stabilimento MSM – Gruppo Pozzoni – Cles (Tn)

Printed in Italy